ヨコミネ式
子供の才能を伸ばす
4つのスイッチ

やる気にさせる子育ての教科書

通山こども園 理事長

横峯吉文

Yokomine Yoshifumi

日本文芸社

はじめに

子育てに悩んでいるお母さんは、たくさんいます。私がお母さんたちに言いたいことは、

「手抜きしても、子供は育ちますよ」

お母さんたちは、みなさん、とても真面目で一生懸命です。一生懸命になるのはいいことですが、少し「手抜き」を覚えたほうがいいと思います。お母さんが手を抜いたほうが、子供は伸びていきます。

昔のお母さんは、手抜きだらけでした。子供が5人も10人もいましたから、子供に手をかけている時間がありませんでした。10人分の食事を作るのは、それだけで大変な仕事です。自分一人ではできませんので、子供に手伝わせました。そうすると、子供がいろいろな仕事を覚えて育っていきました。

お母さんが手抜きをすると、子供は自分の頭で考えてやらざるを得なくなります。

子供は考えることが大好きですから、お母さんが手を抜いて、子供自身に考えさせたほうが、子供は成長するのです。

私なんか、手抜きも手抜き。

子供に教えもしない、叱《しか》りもしない。むしろ、こっちが注意されているくらいです。園児から、

「先生、ここで、タバコ吸っちゃダメだよ」

と叱られています(笑)。

園の先生たちはものすごく熱心ですが、熱心すぎると子供に嫌がられますから、私はそれを止める役割です。「教えるな」「手を引け」「テキトーでいいんだ」といつも言っています。私たちがこんなに手抜きをしているのに、それに反するように、子供はどんどん育っています。

なぜかというと、子供は育つようにできているからです。

私は、何千人もの子供を見てきましたが、子供の能力は、大人が考えているレベル

をはるかに超えています。特に驚くのは、2〜3歳児の能力。この時期の子供たちは、本当に天才です。何でもできます。極めて学習能力の高い時期です。

そもそも、1歳くらいで歩けるようになること自体が、奇跡なのです。歩き方を教わったわけでもないのに、はいはいができるようになり、つかまり立ちができるようになり、歩けるようになります。幼児期は、教えなくても何でもできる能力を持っています。幼児期の子供は、みんな天才です。

私たちのやっていることは、教えることは極力減らし、楽しく、遊び感覚で学んでもらえるような「仕掛け作り」です。たぶん、園児たちは、勉強や運動をしているという感覚ではなく、ゲームをしているような感覚だろうと思います。

ゲームは面白いので、どんどん先へ進んでいく。一つの画面をクリアできると、次の画面に進みたくなる。そんな感じです。

仕掛けを作ってあげると、子供たちのやる気のスイッチが入ります。スイッチが入れば、こちらが手をかけなくても、勝手に伸びていきます。ヨコミネ式は、スパルタ教育や英才教育と間違えられますが、スパルタ教育どころか「手抜き教育」です。

小学生のお母さんの中には、子供の宿題をやってあげる人がいますが、これだと、子供の頭がよくならなくて、お母さんの頭がよくなってしまいます。お母さんは、これ以上頭がよくならなくてもいいんですよ（笑）。

それよりも、どうやったら子供が楽しく学習できるかを考えましょう。

ヨコミネ式の秘訣《ひけつ》を簡単に言えば、

「子供に教えるな。子供から学べ！」

というもの。

お母さんが勉強しなければいけないのは、国語や算数ではなく、自分の子供のことです。「この子は、何をしているときに楽しそうか」「この子は、どうやったら楽しく学習してくれそうか」ということをよく観察してください。子供が何を楽しく感じているかがわかれば、スイッチを入れてあげることができます。

スイッチさえ入ってしまえば、お子さん自身が天才的な学習能力を発揮して、勝手に伸びていきます。そうなると、お母さんは楽です。

どうやってスイッチを入れたらいいのか。一人ひとりの子供によって違いますから、お子さんをよく観察してください。

私たちは何千人もの子供を見てきて、ちょっとしたコツはわかっています。それを本書でご紹介しようと思います。でも、あくまでも、あなたのお子さんが中心です。本書は参考程度にとどめてもらって、「私の子は、どうしたらやる気のスイッチが入るだろうか」と日々考えてみてください。

本書が、みなさんのお子さんが伸びていくためのヒントになればと願っています。

「はじめに」の最後に、不安に思っているお母さんに、メッセージを送ります。

「大丈夫。お子さんを信じて。時間はかかるかもしれませんが、必ず伸びていきます」

横峯吉文

2019年7月

ヨコミネ式って、どんな教育法？

**園児全員が逆立ち歩き、3歳でひらがな、
カタカナの読み書き、
5歳で小学校2年生で習う漢字をマスター……。
そのユニークなヨコミネ式教育法は、
今や全国400園以上の保育園、幼稚園で
カリキュラムとして採り入れられています。**

ヨコミネ式は、「読み・書き・計算」の自学自習をベースとした独自の教育法です。

鹿児島で3つのこども園・保育園を運営する横峯吉文理事長が、今から約40年前に考案しました。「すべての子供は天才である。ダメな子なんて一人もいない」をモットーに、子供の将来の人間としての自立を目的としています。

ヨコミネ式では、幼児期からの読み・書き・計算や体操・音楽・英語を通し、やらせるのではなく、自らの力で学ぶ自学自習の力をつけるために毎日、学習します。

「4つのスイッチ」「才能開花の法則」など、さまざまな仕掛けによって、子供をやる気にさせ、子供の才能を伸ばしていくのです。

これからは、自分から学び、自らの人生を切り開いていく時代です。

「どんな子供でも勉強が大好きになる」「すべての子供のすべての夢をかなえる」――。そんな教育法なのです。

読み・書き・計算・体操・音楽、そして英語。それぞれの目標をご紹介します。

読み　卒園までに小学校6年生の教科書をすらすら読破！

2歳から、ひらがな、カタカナ(五十音)の拾い読みを始めます。3歳児クラス（年少）では、小学校1年生の国語の教科書を読み、4歳児クラス（年中）では、小学校1、2年で学ぶ漢字も勉強しています。卒園までに園児全員が、6年生の国語の教科書がすらすら読めるようになります。教科書を読むことで、どの子も本が大好きになります。

書き　年長で小学校2年生の漢字をマスター。小学生は漢字検定5級が目標

五十音順ではなく、簡単な文字から練習する「ヨコミネ式95音」を使って学習すると、3歳から、ひらがな、カタカナが書けるようになります。文字が書けるようになるには、だいたい6か月ほどかかります。その後、お手本の書写（書き写し）を経て、自分で簡単な日記を書きます。卒園までに全員が、小学校2年生までの漢字が書けるようになります。小学校卒業までに、漢字検定5級の取得が目標です。

計算　小学校低学年でソロバン1級、暗算1級、6年生で数検5級に合格

2歳から、数の学習を始め、九九を覚えます。3歳、4歳児のクラス（年少、年中）になると、足し算や、引き算の練習を始め、かけ算にも挑戦してもらいます。ソロバンと暗算は、早い子で5歳児クラス（年長）でソロバン1級、暗算1級に合格。遅い子でも、ソロバン6級に合格します。小学校低学年でのソロバン1級、暗算1級が目標です。数学検定は、小学校6年生時に全員、5級の合格を目指しています。

体操　園児全員が逆立ち歩き、跳び箱10段が跳べる

5歳児クラス（年長）全員が逆立ち歩きができ、跳び箱10段を跳べます。先生が特別な指導をするのではなく、跳べる子の様子を観察し、真似《まね》ることで、誰もが自然と跳び方を覚えて、実践できるようになるのです。かけっこやブリッジ歩き、側転も、みんなの得意技です。

音楽　園児全員、絶対音感が身につく

ピアニカから始めると、早い子で３歳、卒園までに全員が絶対音感が身につきます。5歳児クラス（年長）では、全員譜面の違う合奏にも取り組んでいます。

英語　6年生で英検3級に合格

英語で会話ができること、読み書きができるようになること。小学6年生で全員、英検3級合格が目標です。通山《とおりやま》こども園の学童には、小学４年生で３級に合格、今、準２級に挑戦中の生徒もいます。

もくじ

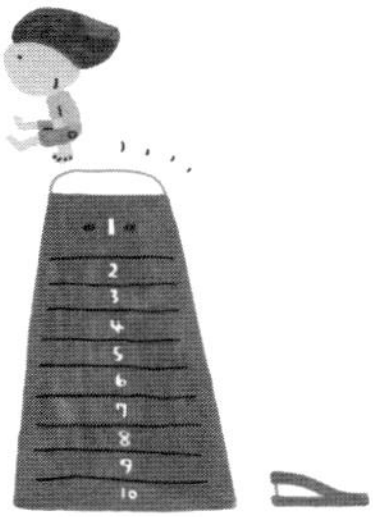

第2章
子供をやる気にさせる「4つのスイッチ」

第3章 2歳から6歳までのヨコミネ式学習法

第4章 小学生のヨコミネ式勉強法

第5章

ヨコミネ式子育てQ&A

［製作スタッフ］
カバー・本文デザイン／藤塚尚子（e to kumi）
カバーイラスト／タカオミカ
写真／天野憲仁（日本文芸社）、アフロ
編集協力／加藤貴之、峯澤美絵、広田幼稚園、
ヨコミネモンゴル幼稚園、通山こども園、
伊崎田保育園、ヨコミネ株式会社

第1章

子供がぐんぐん伸びるヨコミネ式子育て

やる気のスイッチが入れば、子供は勝手に伸びる！

フッーの保育園児が続々とソロバン1級に合格

私たちの保育園・こども園（直営3園）は、鹿児島市内から車で1時間半くらいの片田舎にあります。それなのに、全国から園を見学に来られる方がたくさんいます。

10年ほど前に、テレビや雑誌でよく取り上げてもらいましたので、当時は訪問者がとても多かったのですが、最近、また増えてきました。フィギュアスケート選手の紀《き》平梨花《ひらりか》さんがヨコミネ式を導入している兵庫県西宮市の広田幼稚園の出身だと報道されたことがきっかけのようです。

10年ぶりに来られた方は、

「ヨコミネ式は、一段と進化していますね。びっくりしました」

と言ってくれます。

確かに、10年前とは大きく変わりました。

しかし、進化しているのは、ヨコミネ式ではなく、子供たちです。子供たちが勝手に進化してしまうので、子供たちに引っ張られて、ついていかざるを得なかったという感じです。

子供たちがどのくらい伸びているのかをご紹介しますが、「うちの子と全然違う」などと悲観しないでください。比較してはダメ。後ほど、やる気のスイッチの入れ方を説明しますが、スイッチが入れば、どの子も必ず伸びていきます。

心配しないでください。自分のお子さんと比べないことを前提に、子供たちの能力がいかにすばらしいものかを知っていただければと思います。

ちなみに、うちの園のある地域は過疎地が多く、園に集まってくる子供は、地元のフツーの子です。過疎地ゆえに子供が少なく、優秀な子だけ集めることなど不可能です。みんな、ごく一般的な子です。

「フツーの子が、全員、天才である」――私は、こう言い切れます。

まず、学習面から。以前は、「小学校卒業までに、ソロバン1級」を目指していましたが、今は、保育園の年長の子供たち（5歳児）が、ソロバン1級に何人も合格し始めました。

子供たちは、小さな手を素速く動かして、10桁くらいの複雑な掛け算、割り算を数十秒で解いていきます。

私の弟の横峯良郎《よしろう》は、国会議員をしていましたけど、ソロバン3級に受かったのは商業高校のときです。カンニングをして受かったんじゃないかと思っていますが（笑）。園児は、そのレベルをはるかに超えてしまっています。

文字の習得も早くなってしまい、通山《とおりやま》こども園の年長クラス（5歳児）では、春の時点で、小学校3年生の国語の教科書をスラスラと読んでいます。卒園までには、全員が小学校6年生の教科書を読みます。中には中学1年生の教科書を読んでいる子もいます。

4歳児、3歳児も、学習が進んでいますが、2歳児も、かなりのことができるようになりました。

2歳児のうちに、言葉のカードを全部覚えた子は、小学校1年生の国語の教科書を読んでいます。

2歳児は、漢字カードを作ってあげると、すぐに覚えてしまいます。「5歳児になれば、ある程度のことまではできるだろう」と私は思っていましたが、2歳児がここまでできるとは思ってもいませんでした。

反省を込めて言えば、2歳児の能力を見くびっては絶対にダメです。2歳児の学習能力は、大人の想像をはるかに超えています。

こんなに読めるようになるとは思っていませんでしたので、我々にとっては、うれしい悲鳴です。先生たちは、小学校、中学校の教科書を入手しなければなりません。思った以上に、入手するのは大変で、先生たちは「困ったなあ。教科書が足りない」と言っています。お兄ちゃんお姉ちゃんのいる保護者の方に、「教科書のお下がりをもらえませんか」と頼んだりして、教科書の使い回しをしています。

幼稚園児が1・8キロを全力疾走！

園の先生たちが一番困っているのは、体力的に子供に追いつけなくなってしまったことです。

伊崎田《いさきだ》保育園では、年長クラスの最後に、1・8キロメートルのマラソンをするのですが、子供たちは、最初から最後まで全力疾走して駆け抜けます。

園長は、あらかじめ保護者の方に事情を説明しています。

「申し訳ないんですが、私たちは、子供にとてもついていけませんので、自転車で1・8キロ、回らせてもらいます」

保護者の方は、「そんなバカな！」と思っているようですが、実際に、自転車が追いつかないくらいに子供たちが走っていく姿を見て、「信じられない！」と言って、衝撃を受けています。

警察官をしているお父さんが、「子供なんかに負けるはずがない」と言い、一度、挑戦したことがあるのですが、途中でついていけなくなって、あきらめました（笑）。

1・8キロ全力疾走した後でも、子供たちは息切れすらしていません。しかも「先生、もう1回走っていい？」と言うのです。

もう、驚きを通り越して、あきれるほどです。


私たちは、園児に無理やりやらせているわけではありません。3歳、4歳、5歳の子に、何かを無理やりやらせようとしても、泣き出すだけで、何もやりません。その年齢のお子さんをお持ちの方なら、よくわかるだろうと思います。

やらせようとすればするほど、子供は嫌がってやりません。

私たちがやっていることは、楽しくやれるようにやる気のスイッチを入れてあげること。それだけです。

スイッチが入れば、放っておいても子供たちは勝手に伸びていきます。

大人のやるべきことは、安全で楽しい環境をつくり、子供を見守り、応援するだけです。

進化するヨコミネ式
子供の能力は無限！

自学自習するヨコミネ式の園児たち。
子供の能力には限りはない。

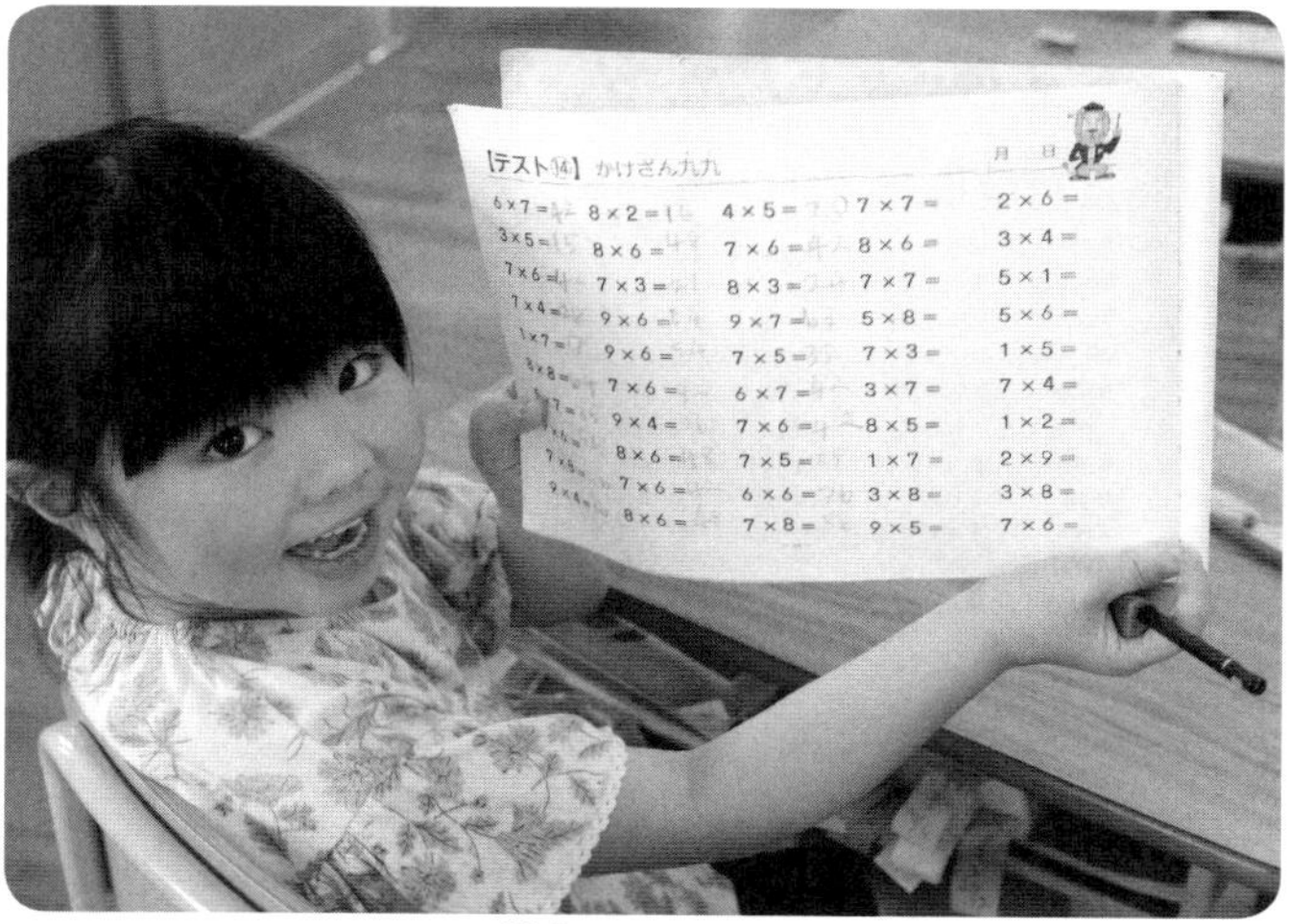

九九のドリルに挑戦中の山内風空《ふうあ》ちゃん（年長）。

「三年とうげで　転んだならば、三年きりしか　生きられぬ……」
小学校3年生の国語の教科書「三年とうげ」をみんなで音読する年長クラス。
卒園までに6年生の教科書が読めるようになる。

年長でソロバン1級に合格する子供も出てきた。ソロバン7級でも2ケタのかけ算。

8段の跳び箱をらくらくクリアする5歳児。卒園までに園児全員10段が目標。

イスに座って自学自習する通山こども園の年長（5歳児）クラス。子供の集中力には驚かされる。

ある日のスケジュール

	9:00	10:00	11:00	12:00	13:00	14:00	14:30	15:00	15:30–16:00
年長	ピアニカ合奏	ソロバン	自学自習	給食	体操	ダンス（月・水・金） かけっこ（火・木・土）			
年中	自学自習	体操	ピアニカ合奏	給食	自由あそび かけっこ	ソロバン			
年少	自学自習	ピアニカ合奏	自由あそび かけっこ	給食	本読み	午睡			体操

ヨコミネ式の原点は「遊びながら学ぶ保育園」

ラジオ体操は健康にはいいけれど、子供は苦痛!?

「ヨコミネ式」ができたきっかけは、ささいなことでした。

１９８０（昭和55）年に、最初の保育園を設立したとき、当時の私は幼児教育について何も知らない素人でしたから、ベテランの保育士さんたちに指導を任せることにしました。

保育士さんたちは、園児たちが通ってくると、毎朝、ラジオ体操をさせていました。そのときの子供たちの姿を見ていて、「本当にこれでいいのかな」と疑問を感じました。子供たちの目が輝いていなくて、ちっとも楽しそうではないのです。

それにもかかわらず、先生たちは「きちんと手を上げて」などと注意をして、ラジオ体操をさせようとしています。

「3歳や4歳の子供がラジオ体操をして本当に楽しいのだろうか。本当に喜んでやっているのかな」

そんな疑問がわいてきました。

面白くもなんともないラジオ体操を、大人たちの一方的な考えのもとにやらされる。なぜ、こんな教育をしなければいけないのか。私は、それまでの保育園教育に大きな疑問を感じ、子供たちにも申し訳ない気持ちでいっぱいになってきました。

ベテランの保育士さんに頼ろうとしていた自分の考え方を反省し、「とにかく、子供たちの目が輝くような園を作ろう」「子供が楽しいと思える園を作ろう」と決意しました。

山での冒険体験で園児の目の色が変わった！

子供が楽しいと思うこととは、ひと言で言えば、「遊び」です。子供たちに徹底的に「遊び」をさせ、遊びの中から何かを学ばせようと思ったのです。それが、「ヨコミネ式」と呼んでいただいている教育法の原点です。「遊びながら学ぶ保育園」を作りたいと思ったのがスタートでした。

私は、園児たちを山に連れていって探検をさせたり、ジャングルジムから飛び降りさせたり、幅の狭いブロックの上に立たせたりして、とにかく子供たちが楽しいと思うことをさせました。

楽しいと思えることをやらせると、子供はどんどん伸びていきました。遊びや探検を通じて、子供たちの中に「自分の知らない世界について学びたい」「新しいことを学びたい」という意欲がわき上がってきたようです。

いったん意欲が出てくると、遊びだけではなく、勉強に対する取り組みも変わってきました。読み・書き・計算なども、次々と新しいことを学び取っていこうとするのです。この姿を見て、私は、「子供たちはやる気になれば、放っておいても、どんどん伸びていく。やる気にさせるスイッチを入れてあげさえすればいいんだ」というシンプルなことに気づいたのです。

興味のあること、楽しいことは、子供は何でも学んでいく

子供は、いったんやる気になると、自ら学んでいこうとするものすごいエネルギーを持っていることがわかってきました。このエネルギーをうまく勉強に結びつけてあげれば、成績もどんどん伸びていくはずです。

そのとき、私には、もう一つ疑問がわいてきました。

「そもそも学校のカリキュラムって何だろうか。漢字の勉強は、1年生からしなければいけないものなんだろうか。『九九』は小学2年生から覚えなければいけないものなんだろうか」

園児たちに文字を学習させると、あっという間に覚えてしまう子がたくさんいます。小学校で習う漢字でも、すぐに覚えてしまいます。また、「九九」の歌のCDを聴かせると、2歳児でも「九九」の歌を覚えてしまいます。それなのに、なぜ漢字の勉強を小学校まで待たなければいけないのか。なぜ、小学2年生まで「九九」の勉強を待たなければいけないのか。どう考えても根拠が見つかりません。

大人が「この漢字は小学校1年生の漢字」『九九』は小学校2年生から」と勝手に決めているだけなのです。

子供たちは、大人が考えるよりもはるかにすばらしい能力を持っています。特に、幼児期の子供たちは、何でも吸収してしまうすばらしい能力を持っています。覚えられるのであれば、何歳からスタートしてもいいはずですし、学びたいのであれば、何歳から学ばせてもいいはずです。

もちろん、子供はみんな発達のスピードが違いますから、中にはできない子もいるかもしれませんが、そういうときには無理にやらせようとしなければいいだけの話です。子供たちが「知りたい」「学びたい」「楽しい」と思える範囲で学ばせていけば、勉強に対するやる気のスイッチも入るのではないかと考えました。

学校のカリキュラムの枠を外して、3歳児、4歳児たちにさまざまな学習をさせてみると、子供たちは、文字も、数字も、あっという間に覚えてしまいました。

子供の能力は本当にすばらしいものだと、あらためて実感させられました。子供はみんな天才です。

ひらがな・カタカナは、2歳でマスターできる

簡単な文字から始める「ヨコミネ式95音」

何年もやっているうちに、3歳児でも2歳児でも文字を覚えられるということが、だんだんとわかってきました。

ところが、ここに一つ大きな壁がありました。

文字を教えていくときに、通常は、ひらがなの「あいうえお」の「あ」から順に子供に教えようとします。でも、初めて文字を書く子供にとって「あ」という文字は、とても難しそうなのです。曲線が多いため、何度書いても、どうしても、うまく書けません。それでも無理やり書かせようとすると、子供は書くのが嫌になって、文字を書くのをやめてしまいます。

形を真似《まね》することばかりに一生懸命になりすぎて、書き順がデタラメになる子もたくさんいます。これでは、文字を学習することで、かえって間違った書き順を覚えたり、文字を書くことを嫌いになったりしかねません。

私は、子供たちをよく観察してみました。

そこでわかったことは、「あ」とか「む」といった曲線の入った文字ではつまずいているのに、字画が少なく、直線を使った文字だと、子供たちは嫌がらずにスラスラと書いているということでした。

「そうか、画数の少ない、直線を使った文字から先に書かせてあげればいいんだ」

この発想から生まれてきたのが、「ヨコミネ式95音」です。「ヨコミネ式95音」では、ひらがな、カタカナ、漢字といった枠組みをすべて無視することにしました。子供目線で考え、「子供にとって簡単な文字」から順に、子供に書かせるようにしてみたのです。

曲線が多い「あ」は書きにくいので、漢字の「一」(横棒)から書かせることにしました。横に棒を引っ張るだけですから、2歳児でも簡単に書ける子がいます。書けると、子供はとてもうれしそうな顔をします。

おそらく、2歳児、3歳児にとっては、文字を書いている感覚ではなく、お絵かきをしている感覚だろうと思います。

次に、縦棒の「|」を書かせてみました。これも簡単に書いてしまう子がいます。その次は、横棒と縦棒を組み合わせた漢字の「十」を書かせてみると、これも簡単に書いてしまいました。

こうして、少しずつステップアップしていくと、難なく文字を書いていけるようになりました。

「あ」を書こうとして、つまずいてしまう子はたくさんいますから、それよりも、簡単な文字から書かせたほうが、子供のやる気を失わせずに済みます。何よりも大切なことは、やる気にさせてあげること、やる気のスイッチを入れてあげることです。

いきなり「あ」を書くのは難しい

**お絵かき感覚で楽しく、
基礎の基礎を何回でも繰り返すことが大切。**

上、下　「十」を練習する年少クラスの春口凜《りん》ちゃん。ヨコミネ式教材「はじめのいっぽ」では、「一」は480回、「｜」「十」は360回練習するマスがある。

ヨコミネ式95音

1	2	3	4	5	6	7	8	9	10
一	｜	十	ニ	エ	ノ	イ	テ	ナ	ハ
11	12	13	14	15	16	17	18	19	20
フ	ラ	ヲ	リ	サ	ヘ	ト	コ	ヨ	レ
21	22	23	24	25	26	27	28	29	30
ル	ホ	オ	カ	メ	ワ	ウ	ス	ユ	ロ
31	32	33	34	35	36	37	38	39	40
ミ	ク	タ	ヌ	マ	ア	ヤ	セ	ヒ	モ
41	42	43	44	45	46	47	48	49	50
ケ	ム	キ	チ	ネ	ソ	ン	シ	ツ	へ
51	52	53	54	55	56	57	58	59	60
り	く	つ	し	い	こ	に	た	け	も
61	62	63	64	65	66	67	68	69	70
う	て	と	ち	ろ	る	ら	か	の	ひ
71	72	73	74	75	76	77	78	79	80
せ	さ	き	よ	ま	は	ほ	わ	れ	ね
81	82	83	84	85	86	87	88	89	90
め	ぬ	す	み	や	そ	な	お	ゆ	を
91	92	93	94	95					
ふ	え	ん	あ	む					

「ひらがな」と「カタカナ」のそれぞれ46音に、漢字の「一」「十」、縦棒の「｜」を加えたヨコミネ式95音。実用新案登録済み。

「できない、もうやりたくない」と思わせてしまったら、スイッチは入りません。それどころか、勉強嫌いな子になってしまいます。勉強好きな子に育てるためには、その子のレベルに合ったものを与えていくことなのです。

子供にムリのないやり方を考えていったら、子供たちは驚くべきスピードで文字を身につけていきました。私は、保育士さんたちに「2歳から文字を教えて、3歳の夏までに、一人も落ちこぼれることなく、全員がひらがな、カタカナを読み書きできて、理解できるようにしてほしい」と頼みました。「ヨコミネ式95音」を使ったら、着実にそれが実行できるようになりました。

ところが、私の予想を超えていました。2歳児の能力があまりにも高くて、2歳児が小学校の教科書を読んでいます。たぶん、内容は理解していないと思いますが……。

文字を指さしながら一つずつ読むだけなら誰でもできます。文字で遊んでいるつもりではないでしょうか。

絶対音感が園児全員についた！

指の使い方より音楽を楽しむことが大事

20年以上前のことですが、私はピアノのできる音楽の先生を採用して、音楽を担当してもらいました。

その先生は、一生懸命に子供たちを教えているのに、子供たちはちっとも楽しそうではありません。だんだんと、音楽を嫌がる子も出てきました。

「せっかく、ピアノの上手な先生を雇ったのに、どうしてこんなことが起こるのだろうか」と私は悩みました。

よく観察してみると、先生が子供たちにピアニカを弾くときの指使いを一生懸命に教えようとしていて、子供たちはそれを嫌がっていたのです。

考えてみてください。3歳児、4歳児の小さな手で、手のひらをいっぱいに開いて、ピアニカの鍵盤を正しい指で弾くことがどれほど難しいことか。難しいことをやらされるのですから、子供たちが嫌がるのは当然です。

この年代の子供は、正しい指の使い方をさせようとするのを一番嫌がる年代です。指の使い方は、本格的にピアノをやりたいと思ったときに習えばいいことです。

音楽に力を入れようと思った目的は、音楽を好きになってもらうこと。3歳、4歳児に正しい指の使い方を無理強《じ》いすることで、音楽嫌いにさせては意味がありません。指の使い方なんて、どうでもいい。極端なことを言えば、箸《はし》を使って鍵盤を弾いてもいい。とにかく、音楽を聴いて、音を出して、音楽を楽しんでもらうこと、それができれば十分だと考えました。

この経験以降、私はピアノの上手な先生を雇うのはやめて、今までの保育園の先生たちに音楽を教えてもらうことにしました。

楽しく音楽を学ばせたら、いつのまにか絶対音感がついた

子供たちに「教える」のではなく、「引き出す」という方法で音楽の学習をしていきたいと考え、音楽を教えていた中島ひろみ先生に2つの課題を託しました。

「悪いけど、オレの言うとおりにやってみてくれんか。ピアニカで何か簡単な曲を全員が弾けるようにしてくれ。できるか？　それと、もう一つは、10分間でもいいから、毎日練習をさせてくれんか」

「わかりました」

1週間たった頃、こんな報告を受けました。

「理事長、見てください。全員、弾けるようになりました」

私は、さらに次のように頼みました。

「今度は、目をつぶっていてもできるようにしてくれんか」と。

先生たちは、アイマスクをつけて、練習をさせました。アイマスクをつけて弾くことは、子供たちにとっては興味津々で、楽しみながら練習をしていたようです。

しばらくすると、

「できるようになりました」と。

その次には、こんなリクエストを出したのです。

「2曲目として、ちょっと難しい曲に挑戦してみてくれんか」

すると5日後に「できました」と報告を受けたのです。

最初の曲は1週間かかったのが、次の曲は5日でできるようになったのです。

私は、全部で20曲くらいを、目をつぶっても弾けるようにしてもらおうと思い、

「とにかくこの方法で20曲続けてみてくれんか」

と頼んでおきました。


半年も経《た》っていませんでしたが、15曲目が終わったところで、中島先生が、

「理事長、私、もうあの子たちにはついていけません」

と言ってきました。そしてその理由を聞いてみると、

「新しい課題曲を聴かせると、子供たちは勝手に練習して、1回聴いただけなのに、もう弾けるんですよ」

この報告には、驚きました。かなりレベルの高い曲でも、すぐに弾けるようになってしまうのです。どうやら、子供たちの音楽のスイッチが入ってしまったようです。

園児のなかには、音楽が楽しくなって、家でも楽しそうにピアノを弾く子が出てきました。それを見たあるお母さんが、子供をピアノ教室に通わせることにしました。

すると、ピアノの先生が、

「どうしたんですか、この子は？　なんで絶対音感がついているんですか？」

とお母さんに聞いてきたそうです。お母さんは、

「こういうのを絶対音感って言うんですか？　でも、こんなことなら、あの保育園の子たちなら全員できますよ」

と答えたため、ピアノの先生はさらに驚いたそうです。そのピアノの先生の話を聞いて、これが絶対音感だったのか、と改めて私は知りました。

ヨコミネ式で誰でも一流の作曲家になれる

子供にとって作曲は難しくない

　卒園した子のなかには、小学生で作曲をする子も出てきました。「作曲なんて、すごい！」と感じますが、子供たちにとっては、作曲をすることは、作文を書くことと、それほど変わらないようです。

　幼児期の固まっていない柔らかい頭は、文字を覚えるのも音符を覚えるのも、大差はない。作文も作曲もそれほど変わらないようです。頭が柔らかい子供たちにとっては、どんなことでも可能なのです。

　大人の発想で「作曲は難しそうだから」などと考えないで、何でもやらせてあげると、子供はどんどん伸びていくことがわかりました。

正直に言うと、私は、音楽に関してはあまり力を入れていませんでした。子供たちの将来にとって、「読み・書き・計算」と「基礎体力」は必要だけれども、「音楽」はそれほど必要ないのではないか、と思っていました。

けれども、子供たちがあそこまで音楽の力を伸ばしたのを見て、私の考えが間違いだったことに気がつきました。

教材もきちんと作り、音符を覚えるグルービーカードというものを作りました。これを使うと、簡単に音符を覚えてくれます。子供たちは、音の長さをリンゴの大きさで、覚えます。四分音符は1拍ですからリンゴ1個です。休符は、リンゴがなくなった絵です。

グルービーカードは、今は、1歳児が遊びで使っています。1歳児は、「あー、リンゴ1個だぁ」と喜んでいます。音符を覚えるというよりも、遊びながら慣れていく感じです。

2歳児には、リトミックでピアノに合わせて手を叩いたり、跳んだり跳ねたりしてもらいます。リトミックが終わると、発声やドレミ体操をしています。楽しんでくれれば、それでいいと思っています。

年少になると、聴唱・聴音というものをします。ドレミ体操で音はわかっていますので、音を弾くと、「ド」とか「ソ」と子供が言います。

年齢によって、子供の状態が違いますから、毎年同じやり方はしません。やんちゃなクラスもあれば、お利口さんのクラスもあります。目標は同じですが、やり方やスピードは、子供たちに合わせて毎年変えています。

年少からは、ピアニカの練習も始めます。ピアニカは、童謡『チューリップ』『キラキラ星』『メリーさんの羊』などを練習しますが、1歳児、2歳児の頃から、音楽に触れていますので、不思議なほどすぐに弾けるようになります。

年少の子は10月の運動会を過ぎた頃から、合奏を始めます。Jポップ、演歌、クラシックなど何でも演奏します。そのクラスの子供たちが好きそうな音楽を見極めながらやっています。

子供に負担がかかるような、ムリなことはしません。一応、目安としては、1日、ピアニカ30分、合奏30分です。3歳で80%音感がつくと言われていますので、この時期は、音楽の能力を身につけるには一番大事な時期なのです。

合奏をしたら卒園時には高校生レベルの吹奏楽に

ヨコミネ式の基本は、楽しく続けることです。

そこで、挑戦することにしたのが合奏です。先生たちに楽器を揃《そろ》えてもらって、キーボードを主体に、ティンパニー、ドラムなどを使って、合奏の練習をさせました。子供たちは、目を輝かせて、楽しそうにやっています。

選曲は明らかに先生の好みで、70年代、80年代、90年代のヒット曲を演奏しています。不思議なことに、どの子も、どのパートをやってもできるのです。これにも本当に驚きました。子供たちは、合奏が大好きです。合奏のない日は、「先生、今日、合奏しないのぉ～」とやりたくて仕方がない様子です。

合奏をするようにしたら、思わぬ効果もありました。合奏は、まわりの人の音を聴きながら、それに合わせて演奏しないといけません。まわりと協調することを覚え、まわりの人の音をよく聴くことで、集中力もいっそう高まってきました。

3歳のときにピアニカを弾いていた子たちが、卒園する頃になると、驚くようなことをしてくれます。

2018年3月の学習発表会のコンサートでは、『パイレーツ・オブ・カリビアン』の吹奏楽アレンジをピアニカで弾きました。子供たちは楽しそうに、ノリノリで体を動かしながら演奏をしていました。楽譜としては高校生レベルか、県警や自衛隊の吹奏楽の人たちが使っているレベルだそうです。

私は、6歳の子供たちにあれほどのことができるとは思いませんでした。職員は、「あの、理事長が涙を流した」と喜んでいました（笑）。

ピアニカのレベルから、ここまで伸びるのかと驚きますが、先生たちは平然とした顔で「ピアニカができれば、何でもできますよ」と言います。ピアニカで音楽の基本を覚えると、他の楽器でもできるのだそうです。

田舎の保育園は人数が足りないため、キーボードと打楽器を両方演奏したり、入れ替わったり、どんな楽器でもこなせるようになっています。

音楽担当の片村まや先生が、海外から楽譜を取り寄せ、20人以上のパートを一人分ずつに分けて楽譜を書き直しました。園児一人ひとりが自分のパートをやります。人数が足りないクラスでは、４人分のパートを1人で全部受け持つ子もいます。

楽譜を渡すと、子供たちは初見で全部弾けるそうです。「本当に楽譜が読めるのか？」と聞いたことがありますが、読めるらしいのです。強弱などの細かいことは指導しないとできないそうですが、弾くだけなら、楽譜を見ただけで弾いてしまいます。

私は、保育園で音楽が終わってしまうのは、もったいないと思っています。

学童クラス（小学生を預かる学童保育のクラス）の先生には、学童でも毎日音楽をやってくれるように頼みました。毎日やっていれば、作曲家にもなれると思います。

10年前に、私は「音楽は、遊び、遊び（笑）」と言っていたのが恥ずかしいくらいで、今は、職員に「子供は、誰でも作曲家になれる」と言っています。子供たちの才能は無限です。

絶対音感がつくと なんでも演奏できる

子供は音楽の天才。
合奏も感動的レベルになる。

ピアニカで音楽の練習をする通山こども園の年少クラス。

遊びながら音符を覚えるグルービーカード。

おいらはドラマー♪　石原裕次郎の「嵐を呼ぶ男」の歌を上手に披露してくれた伊崎田保育園の小野陽葵《ひまり》ちゃん。将来の夢は歌手。

園児一人ひとりが、それぞれのパートを演奏する。クイーンの「We Will Rock You」など、ヒット曲のメドレーの合奏。伊崎田保育園・年長クラス。

カッコイイ！

子供が伸びていく「才能開花の法則」

「できた！」が面白い！　伸びていく子供の共通点

どうして子供たちは信じられないほど伸びていくのか。私は、子供たちを見ていて、こんな法則を発見しました。

できることは面白い
面白いから練習する
練習すると上手になる
上手になると大好きになる
そして次の段階に行きたくなる

すべての子は、この繰り返しでどんどん才能を伸ばしていきます。ソロバン1級に合格するようになったのも、小学校6年生の教科書を読めるようになったのも、跳び箱を10段跳べるようになったのも、逆立ち歩きができるようになったのも、すべてこの法則に基づいています。

逆立ち歩きの例で言いますと、最初はまったくできなかった子が、壁逆立ちができるようになると、「できた！」「やった！」と思って、とてもうれしい気持ちになります。先生や友達からも「すごい、できたね！」と言ってもらえます。面白くなって、もっと練習するようになります。

練習すると、どんどん上手になっていきます。何回挑戦しても、ラクラクと壁逆立ちができるようになります。

そうすると、課題が簡単すぎて飽きてきてしまい、自然に、壁を使わずに逆立ちがしたくなるのです。

「先生、逆立ちしたい！」と言って、次は、逆立ちに挑戦するようになります。最初は、逆立ちはできないかもしれませんが、何度もチャレンジしているうちに、できるようになる。

そうすると、面白くなって、また練習をします。この繰り返しでどんどん才能が伸びていきます。私はこれを「才能開花の法則」と呼んでいます。

先生が「逆立ちで歩いてみたら？」と言って勧めているわけではありません。子供が自然に逆立ちで歩きたくなって、自分から成長しているのです。

どの分野でも、「才能開花の法則」が働きだせば、子供はどんどん伸びていき、すばらしい才能を発揮してくれます。

できることは面白い
面白いから練習する

毎日、何回でも練習することで、
逆立ち歩きが全員できるようになる。

上／年中では、おぼつかなかった逆立ち歩きも、下／年長になると、しっかりとできるようになる。

子供に教えないことと、よい習慣づけが大切

教えるのではなく、力をつけさせてあげる

七五三のいわれによると、昔の人は、7歳までは、「神の子」と考えていたそうです。「神の子」に人間としての儀礼を受けさせるために、3歳、5歳、7歳でお宮参りをしていました。

「神の子」というのは、神様のようにすばらしい存在であるという意味です。たとえば、目の見えないお母さん、耳の聞こえないお母さんでも、子育てができるように、この時期の子供は、素材がいい。まさに、神の領域にいるのです。

この時期に、人間が甘やかしてしまうのは、非常にもったいないことです。甘やかすと、神の領域にいる子が、フツーの人間になってしまいます。そうではなく、その

子の力をどんどん発揮させてあげる。それが、幼児期の子育てです。教える必要なんて、ありません。私はいつもこう言っています。

「神様の子供に、教えるな(笑)」と。

大人はすぐに教えたがりますが、こんなすばらしい時期の子供たちに、教える必要も叱《しか》る必要も、ほめる必要もない。

「教えるのではなく、力をつけさせてあげる」

これがヨコミネ式のやり方で、これを守らないと、子供は嫌がります。

たとえば跳び箱を教えてやらせようとするとケガにつながります。3段を上手に跳べるようになった子は、4段に挑戦したがります。自分で考えるのでケガはしません。しかし、3段を跳べない子に、大人が跳ばせようとすると、ケガにつながります。

赤ちゃんは、毎日、寝ています。寝ることが上手になると、寝返りを打ち、うつぶせになります。さらに、はいはいが始まってやがて、つかまり立ちをするようになる。

誰も教えていないのに、わずか1年で歩けるようになるのです。

この子供の成長モデルを使っているのが、ヨコミネ式の教育です。教えるのではなく、力をつけさせてあげるのです。

よい習慣づけが楽にできる6歳までが勝負

「しつけ」をわかっていない人が実に多くいます。私は、しつけというのは、「悪い習慣をよい習慣に変えてあげること」と考えています。

では、どうしたらよい習慣が身につくのでしょうか。

まずは、約束事をきちんと決めて毎日やってもらうこと。何時に起きて何時に寝る。何時からお手伝い。何時から自分で勉強。これは毎日やってもらいます。

幼児期は、こうした習慣づけが非常にしやすい時期です。幼児は素直で、学習能力が非常に高いですから、いくらでもよい習慣を身につけることができます。苦労するのは最初だけです。しばらくすると、定着します。

逆に言うと、この時期に甘やかしてしまうと、よい習慣がつかず、わがままを言ったり、自己中心的な言動をしたりしやすくなります。

伊崎田保育園の千代留《ちよどめ》たみこ園長は、「幼児期の子は、本当にやりやすい」といつも言っています。千代留園長は、学童クラスで小学生も見ていますが、小学校3、4年生になると、「またかよぉ」「なにぃ」といった感じの子もいるそうです。

それに比べると、幼児期の子はみんなまっさらで、非常に素直。「先生の言うことはちゃんと聞かなきゃいけない」と思っていて、真剣に聞きます。

幼児期に大事な習慣を身につけさせるのは、あまり苦労はいりません。小学生になると難しくなってきますから、ともかく幼児期が勝負です。

6歳までなら、ほとんど苦もなく、習慣づけができます。ただし、習慣が崩れるのが早いのも子供の特徴です。

夏休みやお正月の休みに、不規則な生活をすると習慣が崩れてしまいますので、夏休みやお正月も規則正しい生活を守らせます。習慣づけされると、子供たちは苦にならなくなります。

4つの力ですべての子供の夢がかなう

「学ぶ力」「体の力」「心の力」＋「音楽の力」が必要

私が目指しているのは、一人ひとりの子供の夢がかなうように、基礎を作っておいてあげることです。

小学校、中学校、高校時代に、子供はいろいろな夢を持ちます。その夢をできるだけかなえてあげたいと思っています。

紀平梨花さんのように、「フィギュアスケート選手になりたい」という子のために、その道を目指せる基礎体力をつけてあげる。「お医者さんになりたい」という子には、基礎的な学力を、「作曲家になりたい」という子には、作曲家になれるような基礎的な音感を、「英語を使って海外で仕事をしたい」という子には、基礎的な英語力をつけてあげる。

もう一つ大事なのは、自分の夢に向かって頑張る力です。夢を実現するには、大きな困難を伴いますが、それにめげずに、頑張り続ける、そういう力が必要です。

私は、これらを「学ぶ力」「体の力」「心の力」と呼んでいます。

最近、一つ付け加えました。「音楽の力」です。幼児期には、これらを身につけることが可能です。

脳に回路ができれば、運動も勉強もできる子になる

2～3歳の子は、脳の中にまだ何の回路もできていないので、どんな回路でも作ることができます。

小学生のお母さんで「うちの子は運動神経が悪い」と言う人がいますが、私は、2～3歳の子で、運動神経がよくない子など見たことがありません。この時期に運動をさせて、運動神経の回路をつないであげれば、基礎的な運動なら誰でもできるように

なります。

幼児期に、走る、逆立ち、ジャンプなどをしていないと、基礎的な運動回路ができません。そのまま小学生になると、「まっすぐに走れない」といったことが起こってしまいます。

これは、運動神経がよくないのではなくて、幼児期に回路を作っていないからです。何らかの障がいを持っていない限り、生まれつきまっすぐに走れない子供はいません。

「三つ子の魂百まで」と言いますが、小さい頃に運動のできる人は生涯ずっと運動ができますし、苦手になると、ずっと運動が苦手の人生を送りがちです。脳の中に何でも回路を作れる幼児期に、回路を作ってあげたかどうかという問題です。

勉強も同じです。2～3歳の頃から、学習回路を作ってあげれば、読み書きも、計算も何でもできるようになります。

この回路は、生涯にわたって生きてきます。読み・書き・計算の基礎学力があれば、仮に、経済的理由で大学に行けなくても、独学できます。

甘やかさずに、「頑張ることが大好き」な子供に

性格と呼ばれているものも同じです。

お母さんの中には、「うちの子は引っ込み思案」とか、「うちの子はのろま」などと言う人もいます。専門家は、「その子の個性だ」と言いますが、私から言えば、幼児期の子に個性なんて、ありません。

引っ込み思案の子は一人もいないし、のろまの子も一人もいません。

引っ込み思案と思われている子は、社会の中で、対応していく回路がまだ脳の中にできていないだけです。社会の中で育てて、回路を作ってあげれば、まわりの人に対して思いやりを持ちながら、進んで人間関係を作れる子になります。

幼児期に甘やかしてしまうと、脳の中に「わがまま」「自己中心的」という回路ができてしまいます。これを小学生以降になって取り除くのは、まずムリです。

幼児期のうちは、多少のわがままや自己中心的な言動を許してもらえるかもしれま

せんが、小学校、中学校、高校に入って、自己中心的な言動しかできない子は、どこかでつまずきます。非行に走ったり、犯罪に手を染めてしまう子もいます。

将来、そうならないためにも、幼児期によい習慣の回路を作ってあげることがとても大切です。

回路のできていない幼児期は、何とでもなる時期なので、よい回路をたくさん作ってあげましょう。

「頑張る」回路も大切です。うちの園の子供たちは、以前は、「頑張ることが苦にならない」という程度でしたが、今は、「頑張ることが大好き」になっています。幼児期ならそれができるのです。

天才は3歳までにつくられる

私は、以前は、天才は10歳までにつくられると思っていましたが、臨界期は2～3歳ではないかと考えるようになりました。

保育園ではクラス経営上、年中（4歳児）の人数が足りないときには、3歳児を年中に上げます。

3歳児が4歳児の中に入ると、何もできないのかと思いきや、まったくそのようなことはありません。4歳児と同じようにできてしまいます。

たちばなこども園では、3歳児の教育に力を入れたところ、3歳児の8割が逆立ち歩きができるようになりました。しかも、メチャメチャしなやかです。前に行ったり、後ろに行ったり、自在にやっています。その様子を見ていた私は、

「この子たちに逆上がりをさせたら、一発でできるから」

と先生たちに言いました。

担任の先生が鉄棒の前に連れて行ったところ、ほとんどの子が一発で逆上がりができました。腕の力がついていますから、逆上がりなんかは、カンタンです。

2歳児、3歳児の能力は、計り知れません。この時期の子は、本当に天才です。段階を踏んで力をつけてあげれば、何でもできます。

ヨコミネ式は子供の将来を見据えた子育て法

子供の将来のことまで見通すのが親の役割

お母さんたちに、一番強く意識を持ってもらいたいことは、「考え方」です。何のために子育てをするのか、子供をどんなふうに導いてあげたいのか、です。

それがはっきりしていないと、子育てのテクニックだけ取り入れても、うまくいきません。子供のスイッチを入れることはできないと思います。

私が、園の先生たちにいつも言っていることがあります。

「子供の将来に責任が持てる仕事をしようよ」と。

大げさではなく、私たちは、親御さんと同じくらいに、その子の将来に責任を持てる仕事をしたいと思っています。ですから、私は親御さんたちにもズケズケとものを言います。

「親」という字は、「木の上に立って見る」と書きます。木の上に立って、子供の将来を見通してあげるのが親の役割です。子供は目先のことしか見えませんが、親は、我が子の将来のことを想像する力を持っています。

お子さんが保育園児、幼稚園児の場合は、まずは、小学校に入ってからのことを考えてあげてください。

学校をあてにしてはいけない！

「小学校をあてにするな」

私は、お母さんたちには常にこう言っています。

小学校に入って、すばらしい先生に当たればいいですが、普通の先生は、一人ひとりの子供に合わせた指導はしてくれません。小学校の先生は、カリキュラムどおりに授業を進めるため、落ちこぼれた子がいても、個別指導はしてくれません。

本来は、小学校でも、個別指導をするべきだと私は思っています。

小学校に新しい教頭先生が来ると、

「今度の教頭先生は立派だ。いつも、花壇の手入れをしてくれる」

などと言われたりします。

私だったら、「バカタレ！」と叱りたいです（笑）。教頭先生のやることは、そんな仕事ではありません。

できる子は、放っておいてもできるようになりますが、落ちこぼれていて、できない子を何とかしてあげるのが教頭先生の仕事です。

勉強ができない子を職員室に呼んで、教頭先生が見てあげて、みんなについていけるくらいに伸ばしてあげる。それが教頭先生の仕事だと思います。

しかし今の学校は、落ちこぼれた子がいても、校長先生も、教頭先生も、何もしてくれません。担任の先生も、よほどの人でない限り、手をさしのべてはくれません。

学校をあてにしなくても、自学自習の習慣さえ身につけさせてあげれば、子供が勝手に興味を持って学んで成長していきます。ですから、自学自習できる能力を身につけさせてあげることが大事だと思っています。

男の子を抱きしめるのは逆効果

教育の専門家のなかには「子供を抱きしめなさい」と言う人がいます。

しかし、男の子の場合は逆効果です。むしろ、大きな問題があります。

「小5の男の子が、バランスボールに乗りながら射精をしてるんです。どういうことなんでしょうか」

とある学校で講演をした後に、先生がこんなふうに相談してきました。

「そんなこと、おかしなことじゃないですよ。小5になったら、男の子はもう性に目覚めている。女の子だって初潮が始まっている。5年生は、もう性に目覚めている年齢ですよ」

と言ったら、先生はビックリしていました。

こういうことを先生もお母さんたちも、まったく想像できていません。5年生というのは、保育園・幼稚園を卒園して、わずか5年後です。すぐ目の前です。

男の子というのは、お母さんの裸にも興味をもっています。お母さんをベタベタ触ってくる子もいます。「小学生の息子が私の体を触ってくるんです。どうしたらいいんでしょうか」と悩んでいるお母さんは、たくさんいます。

お母さんであっても、一人の女性であり、触ってはいけない、ということを厳しく示しておかなければいけません。お母さんを触るのならまだいいですが、よその女の子を触ったりすると、大変なことになるかもしれません。

園児だからと、舐《な》めてかかってはダメです。あと5年以内に性に目覚める男の子を、女性であるお母さんが抱きしめるなんて、もってのほかです。

園児と性欲というのは結びつかないと思いますが、将来のことをきちんと想像してみてください。わずか5年後ですよ。

男の子を抱きしめてもいいのは、2歳くらいまで。それ以降は、男の子は、徹底的にお兄ちゃん扱いする。それが先を見据えた教育です。我が子がかわいいのなら、5

年後、10年後に、他人様《ひと》に迷惑をかけないように、きちんと育てる必要があります。

保育園・幼稚園の先生は女性が多く、お母さんたちも女性ですから、女の子の育て方は上手なのですが、男の子の育て方が下手です。男の子の気持ちをわかっていないのです。男の子は、お母さんから抱きしめられたら、「気持ちわる〜い」と言います。健全な男の子に育っている証拠です。

私は、お母さんたちには、

「男の子は抱きしめるな。抱きしめていいのは、父ちゃんだけ」

と言っています。旦那《だんな》さんを抱きしめてあげたら、きっと大喜びします（笑）。

女の子も、卒園して5年後には性に目覚めます。田舎でも、10代の女の子が男にそそのかされて、望まない妊娠をしてしまったというのは、よく聞く話です。女の子も、きちんと自分の頭で考え、自分の身を守ることができる知識・知能を高めてあげないと、望まない妊娠といったことにつながります。

子供は、あっという間に大人になります。「園児は、まだまだ子供」などと考えず、5年先、10年先、20年先のことを想像して、先を見据えて育てることが重要です。

子供を甘やかすと、子供が育たない

子供を甘やかしすぎるのは万国共通

今は、インターネットの時代です。ユーチューブでヨコミネ式のビデオを見て、世界中から問い合わせがあります。

アメリカや中国からは、頻繁《ひんぱん》に問い合わせがありますし、モンゴル、ロシアからも問い合わせがあります。

モンゴルでは、すでにヨコミネ式の「ヨコミネモンゴル幼稚園」を開設しています（186ページ参照）。このあと、ロシアでも始める予定です。

なぜ私たちの園に、外国から問い合わせが来ているのでしょうか。

私は、当初はその理由がよくわかりませんでしたが、話を聞いてみて事情がわかりました。実は、モンゴルの首都ウランバートルでも、ロシアのモスクワでも、親が子供を甘やかしていて、子供がうまく育っていないようなのです。

中国も、一人っ子政策で子供を甘やかしていると言われます。アメリカでも、子供を甘やかしているようです。

私は、日本のお母さんたちに、「今の子育ては、殿様のお世継ぎを育てているみたいだ」と言ったことがありますが、どこの国も同じでした。

中国では、子供は「小皇帝」と呼ばれています。

富裕層が多く住むウランバートルのお母さんたちは、子供を「チンギス・ハーン」みたいに扱っているのです。私は、まさかモンゴルでそのようなことが起こっているとは思ってもいませんでした。

ウランバートルから離れた地域にも連れていってもらいましたが、田舎へ行くと、子供たちが信じられないほど育っていました。「本当にこの子が3歳?」と聞いたほど、体は小学生並みに大きく、馬を乗り回して、親のお手伝いをしていました。

ウランバートルの人は、モンゴルの田舎の教育を真似すればいいのに、なぜかヨコミネ式の教育をやりたいというので、ヨコミネ式をスタートしました。

開所式に呼ばれてウランバートルまで行くと、国営放送が取材に来ていて、30分番組に出演させられました。その番組が反響を呼んで、入園希望者が殺到しています。

モンゴルのお母さんたちが、ヨコミネ式に求めているのは、子供を「甘やかさないこと」です。「甘やかすと、子供が育たない」というのは、世界中のお母さんたちの共通の認識になりつつあるのではないかと思います。

ヨコミネ式は、絶対に子供を甘やかしません。

「甘やかさない」というと、すぐに「厳しく叱る」ことを発想する人がいますが、それは、あまりにも短絡的です。厳しく叱って、子供が勉強をやるわけがありません。

ヨコミネ式は、スパルタ教育と間違えられますが、スパルタ教育をしたら、2歳、3歳の子は、泣き出すだけです。誰も園に来なくなって、園が潰《つぶ》れてしまいます。

「甘やかす」「厳しく叱る」以外にどんなやり方があるのか。それは、「楽しくやってもらう」というやり方です。

楽しく思えることは、子供たちは進んでやります。

楽しく学ぶ「仕掛け」作りがヨコミネ式のポイント

「頑張ることが大好き」なレベルに持っていく

ヨコミネ式は、子供が自立できるように、自主的に取り組む力を身につけさせます。そのため、子供が無理なく、楽しみながら学習できる「仕掛け」を考えているのです。自立する能力を身につけてもらうために、甘やかすことは絶対にしません。それを「厳しい」と言うのであれば、ヨコミネ式は非常に厳しい教育です。

でも、うちの園の子供たちの顔を見てください。苦を感じている様子は見られません。真剣な顔つきで夢中になっているか、笑顔で取り組んでいるかのどちらかです。

ヨコミネ式を始めた頃は、まだ「仕掛け」が不十分で、「頑張ることが苦にならない」というレベルにまでしか引き上げることはできませんでしたが、「仕掛け」がたくさんできてくると、子供たちはどんどん楽しくなっていって、「頑張ることが大好き」というレベルにまで到達しました。

もちろん、全員の子がそこまで達しているわけではありませんので、一人の漏《も》れもなく全員をそのレベルに持っていく仕掛けを作ることが目標です。

押しつけたり、無理強いしたりせずに、「頑張ることが大好き」というレベルに持っていく。難しいことのように思われるかもしれませんが、幼児期のこの時期だけは、可能なのです。

頭の中がまっさらで、楽しいことならどんどんやってくれます。勉強だろうと、運動だろうと同じです。

自学自習で自分の夢をかなえる

「ヨコミネ式で保育園時代にすごいことができるようになっても、小学校に入ったら、フツーの子に戻ってしまうのでは?」と言われたこともあります。

確かに、昔はそういう子もいました。

うちの園の先生たちは、「子供の将来に責任を持つ」という考え方ですから、小学校にまで行って、その子と話をするということもありました。

お母さんに話を聞いてみると、「学校の先生と合わない」というケースがほとんどでした。先生のことを嫌いになると、せっかく身についた学習習慣が崩れてしまって、学力の低下につながります。

小学校の先生のなかには、すばらしい先生もいますが、熱意のない先生もいます。どんな先生に当たるかで、子供の運命が変わってしまうことは、避けたいものです。

そこで、小学校に入ってからも学習習慣を続けていけるように、学童クラスで預かることにしました。学童クラスで勉強を続けてもらうようにしたら、小学校に入ってから崩れる子は減ってきました。

しかし、ご家庭の事情もあり、学童クラスに通ってくることができない子もいます。

そういう子たちをどうすればいいのか。

子供たちを見ていてわかったのは、突出したレベルになっている子は、小学校に入ってからも学力も低下しませんし、学習習慣も崩れないということです。「学力が突出している」というのは、園児のときに手を抜かずに勉強をやり続けたため、多少のことでは崩れない「学習習慣」が身についているということです。

それがわかってからは、「よし、全員を突出したレベルにまで、力をつけさせてあげよう」という気になってきました。

そのつもりで、園の先生たちに頼んだら、いつの間にか、5歳児がソロバン1級に合格し、中学校の教科書が読めるレベルになっていました。

ヨコミネ式の本来の目的は、学力レベルの向上ではなく、「学習習慣」です。これによって自学自習ができるレベルに達すれば、学校で教えてくれないことでも、図書館で本を探してきて、独学で勉強することができます。

学習指導要領の枠にはめられた勉強ではなく、自分の夢に向かった勉強をすることができます。

 TEXT by 編集部

紀平梨花選手を育てた ヨコミネ式の秘密

2019年、四大陸選手権優勝など、華々しい活躍で、
フィギュアスケート界のスターとなった紀平梨花選手。
紀平梨花選手の強さは、2歳から通った
ヨコミネ式の幼稚園の頃から培われたという。
兵庫県・広田幼稚園の岸圭一理事長にお話を伺った。

逆立ち歩きも、跳び箱も全員ができることを発表

――今、フィギュアスケートで大活躍中の紀平梨花選手は、広田幼稚園に通われていたのですね。

当園がヨコミネ式を導入したのは、平成17（2005年）の11月です。紀平さんが2歳で年幼クラスに入ってきたのは、ちょうどその頃です。すぐに側転やブリッジ歩き、逆立ち歩きをしていましたし、読み・書き・計算もよくできました。4年間通ってくれたのですが、梨花ちゃん自身も体幹が鍛えられたと言ってます。

――ヨコミネ式を取り入れたきっかけを教えてください。

何人かの園長たちと鹿児島に視察に行ったのが

Dave Carmichael／アフロ

提供／広田幼稚園

上／リレーで大活躍する広田幼稚園時代の紀平梨花さん。走るのが誰よりも速かった。右／四大陸選手権で金メダルを獲得。

きっかけです。伊崎田保育園の運動会を見て目が点になりました。ゼロ歳の赤ちゃんがハイハイして競争しよるんです。毎日、お兄ちゃん、お姉ちゃんを見ているので競争するものやと、わかっているんでしょうね。これには感動しました。

ヨコミネ式を近隣のよその園にやられたら、うちが負けてしまう（笑）。関西でナンバーワンの園になると宣言しました。ヨコミネ式の全国展開の最初の9園の1つです。

——広田幼稚園のヨコミネ式には、どんな特長がありますか？ 14メートルの逆立ち歩きでも有名ですね。

逆立ち歩きでも跳び箱でも、園児全員ができなければ意味がありません。いくら跳び箱13段を跳べる子がいても、全員ができることを発表会では

毎年、1600ｍ（年長）マラソン大会を開催。園児たちは毎日２㎞走っているので苦にしない。壁逆立ちも毎日練習する。

見せています。また、うちの園では、読み・書き・計算ドリルの教材費をいっさい取っていません。強制的に園児にやらせていると親に思われたくないから。

でも子供たちは、早くドリルがやりたくて、朝8時から親と来て、園のシャッターが開くのを待っています。押しつけずに、子供たちが自主的にやれる環境をつくっていることでしょうね。

――今の親について、どう思われますか？

ものすごく子供に甘いですね。世間には、ヨコミネ式に対して「そんな難しいことやめとき」と言う人さえいます。年長での2泊3日のお泊り保育では、我が子が心配で、おじいちゃん、おばあちゃんを使って偵察にくる親がいました。気持ちはわかりますが、会わずに遠くから見守ってほしい（笑）。過保護が子供をダメにしています。

川遊びは楽しい！
「山学校演習場」自然体験合宿

鹿児島の自然の中でたくましく成長する。自然体験合宿を兼ねた3泊4日の卒園旅行。それまでに全員、プールで10m泳げるようにしておく。

写真提供／ヨコミネ株式会社

——子供の才能開花について、どのようにお考えですか？

食べ物に好き嫌いがあって当然です。でも子供が苦手なのは、たかがピーマン、トマト、きゅうり（笑）。勉強も同じこと。入園したら、どんな子にも勉強好きになってもらいます。強制するわけではなく、自分から勉強する、がまん強い子供に育てること。それが才能開花につながるのだと思います。

岸 圭一
理事長

広田幼稚園
〒662-0837
兵庫県西宮市広田町11-27

第2章

子供をやる気にさせる「4つのスイッチ」

〈スイッチ1〉子供は競争したがる

4つの「子供がやる気になるスイッチ」とは？

私は、30年間子供たちを観察していて、子供には「やる気になるスイッチ」が4つあることに気がつきました。

スイッチ1　子供は競争したがる
スイッチ2　子供は真似をしたがる
スイッチ3　子供はちょっとだけ難しいことをしたがる
スイッチ4　子供は認められたがる

これらのスイッチをうまく押してあげると、子供は見違えるように伸びていきます。一つずつ説明していきましょう。

「あの子のようになりたい」が原動力

子供は競争することが大好きです。

かけっこでも、勉強でも、「○○くんが1番」「○○ちゃんが2番」と順位をつけてあげると、勝った子はとても喜び、負けた子は悔しがって涙を流します。勝った子は、うれしくなってやる気のスイッチが入り、負けた子は悔しくて、「もっとできるようになりたい」という気持ちにスイッチが入ることがよくあります。

子供たちにとっての「競争」は、大人が考える「競争」とは、まったく違っています。大人はそこを誤解しているようです。

大人の場合は、成績表を見せて、自分よりできる人のことを他人に伝えたりしないのではないでしょうか。自分が負けていることを知られたくないですし、自分よりもできる人がいることは悔しいことですから、他人にそれを言う人はいないでしょう。

しかし、子供たちの競争というのは、もっと純粋です。できる子に憧れ、「自分もあの子のようにできるようになりたい」と思えるのが、幼稚園児・保育園児たちの持っている競争心なのです。


こんな光景をよく目にします。

私たちの保育園には多くの見学者が来てくださいます。教室には課題をクリアするごとにシールを貼る成績表のようなものがあります。

子供たちはこれを指さして、「ボクは、これ」「私は、これ」と言って、自分の順位を教えるだけでなく、「○○ちゃんは、もっとすごいよ」「○○ちゃんは、もうここまでできるんだよ」と言って、一番できる子のことを、さも自分のことのように、見学者に自慢しているのです。

子供は、友達に負けると、涙を流して悔しがります。

しかし、負けた相手に対して「あいつを引きずり下ろしてやろう」というような気持ちを抱いたりはしないようです。負けた相手を、恨んだり、ねたんだりするどころか、その子に憧れの気持ちを持ち、尊敬の念すら抱いているようです。

園児一人にだけ「さあ、あそこまで走りなさい」と言っても、嫌がって走ろうとはしません。でも、「さあ、みんなで、あそこまで走って。誰が一番速い？」と言うと、一斉に走り出して競争をします。

子供たちは、こうして競争することによって、お互いの成長を確かめ合っているのではないかと思います。

走るのが好きなのではなく、「あの子よりも速く走れるようになった」ということを確認したいのです。

跳び箱の場合なら、「みんなが6段しか跳べないのに、自分だけ7段跳べた」ということに喜び、友達とかかわりながら、成長を確認しているのではないかと思います。

子供は、「もっと成長したい」「もっと自分を高めたい」「もっとできるようになりたい」という強い欲求を持っています。その欲求が刺激されるため、競争が大好きなのです。

競争しているときの子供たちの目は輝いています。

順位をつけることで向上心が引き出される

少し前までは、小学校の中には、徒競走（かけっこ）でも順位をつけないところがあったそうです。

順位をつけると足の遅い子がかわいそうだから、というような理由だと聞いたことがありますが、私から見れば、それはきれい事のような気がしていました。

うちの園では、毎朝徒競走をさせ、先生たちが「1番」「2番」「3番」と、順位をつけています。順位をつけると、子供たちはとても喜びます。

1番になった子は、自信をつけますし、負けた子は悔しがります。その悔しさが、「次は絶対に勝ってやろう」という気持ちを起こさせ、子供たちを伸ばしていきます。

「負けてもいいや」と思っている子など、どこにもいません。みんな勝ちたいのです。

泣きながら、一人黙々と、走る練習をしている子もいます。その向上心を引き出してあげることが大切です。

「足の遅い子は負け続けて、やる気がなくなるのではないですか」というご質問を受けたこともありますが、そこが工夫のしどころです。

私たちは、子供たちの能力に合わせてハンディをつけて、徒競走をさせます。

たとえば、5歳の子をスタートラインに立たせ、4歳の子はその5メートル前に、3歳の子はさらに5メートル前に立たせて徒競走をさせます。

3歳の子でも、5歳の子に勝つことができるし、5歳の子は3歳の子に負けることだってあります。

こうして、年齢に応じてハンディをつければ、誰もが勝つチャンスと負ける可能性が出てきます。

どの子にも、勝つ経験と負ける経験をさせてあげることが大切です。

年齢でハンディをつけるだけではなく、足の速い子に適度なハンディをつけてあげれば、足の遅い子も勝つチャンスが出てきます。足の遅い子も、「○○くん、1番」「○○ちゃんが、1番」「よくやった」と言われて認めてもらうことがうれしいのです。

何よりも大切なことは、足が速くなることではなく、「自分は足が遅いからダメだ」と思ってあきらめたりせずに、少しでも友達に追いつこうとして、向上心を持って努力をしていくことです。

こうした変化が出てくれば、不思議なことに、かけっこだけではなく、勉強面でも伸びていくものです。

年齢の違う子が交じって一緒に競走をすることで、「もっと速くなりたい」「お兄ちゃんのように速く走りたい」という成長スイッチが入り、さらに、「1番！」になることで、先生に認めてもらって、自信を持つことで、「次はもっと速く走りたい」という気持ちにつながっていくのです。

子供はかけっこが大好き

「もっと走りたい」「誰よりも速くなりたい」

子供は向上心の塊だ。

3歳児は4歳児、5歳児より
前方からスタート。

1番、2番、3番……。
「速かったね。合格」

ハンディをつければ、障がい児でも勝てる

うちの園では、「障がい児」と呼ばれている子たちも、一緒にかけっこの競争をさせます。

「障がい児」というレッテルを貼って、別の扱いをすることは、間違っていると思っています。別の扱いをすることで、その子たちの「成長したい」という本能が抑えつけられてしまっているように感じるからです。

「障がい児」と呼ばれている子は、周囲の大人みんなが「かわいそうだ」という目で見ています。

そして、両親も、祖父母も、親戚の人も、先生も、「あなたは、他の子と一緒に競争なんかしなくてもいいのよ」という態度で接してしまいがちです。それによって、本来持っている「成長したい」「勝ちたい」という欲求が低下してしまうように思います。

無意識のうちに「自分は人とは違うのだから、勝てなくてもいい」と思ってしまっ

ていて、向上心を持てなくなっている子がたくさんいます。

3歳、4歳でこのような気持ちになってしまったら、将来が心配です。障がいを乗り越えて生活している人は、世の中にはたくさんいます。そういう大人になってほしいと願っているので、何としても向上心を引き出してあげたいと思って、ほかの子と一緒に競走をさせています。

障がい児と呼ばれている子も、ハンディをつけてあげれば、ほかの子と一緒に走って、勝ったり、負けたりする経験をさせてあげることができます。

子供に何回も勝つ経験をさせてあげると、「先生、もっと後ろから走りたい」と言ってくるようになります。自分からハンディを縮めてほしい、と言ってくるのです。これは、その子が大きな成長をした証拠で、こういう言葉を聞くと、こちらも涙が出るほどうれしくなります。

ハンディを減らしますから、今度は勝てなくなります。するとこの子はラインの内側を走ってでも、勝とうとします。これはこの子の成長したい気持ちのスイッチが入った合図です。「勝ちたい」という気持ちがこの子に出てきたのです。

親の一生懸命な姿でもスイッチは入る

運動会の親子リレーの優勝賞品は、３万円程度のランドセル。テレビや自転車も賞品として出します。大人には、ビール1年分という賞品を出したこともあります。

その代わり参加賞は一切出していません。「勝ちたい」という意欲が薄れるからです。豪華な賞品がかかっているためか、子供たちより、むしろご両親や、おじいちゃん、おばあちゃんのほうが熱が入っているんじゃないかな、と思えるくらいです。

お父さんたちのレースでは、あと5メートルでやっとゴールという段階になって、私がマイクを握って「もう1周！」と言ったりしています。

お父さんたちは、ガッカリした顔をしながら、必死になってもう1周走ってくれます。そのお父さんたちの困った顔や、それでも真剣に最後まで走る姿を見て、子供たちはキャーキャーと言って喜んでいます。

子供の「やる気のスイッチ」を入れてあげるためには、お父さん、お母さんの一生懸命な姿を見せることが一番効果的なのではないかと思っています。

〈スイッチ2〉子供は真似をしたがる

子供はみんな、真似をする天才

子供が真似《まね》をしたがるのは、人間という動物が、成長するために持たされている本能ではないかと私は思っています。

たとえば、赤ちゃんのことを考えてみると、よくわかります。赤ちゃんは、這《は》うことができると、つかまり立ちをするようになり、やがて、少しずつ歩き始めます。なぜ、誰も歩き方を教えていないのに、赤ちゃんは歩けるようになるのでしょうか。

それは、きっと、お父さん、お母さんの真似をする能力を持っているためです。お父さんと、お母さんが歩いているから、それを見て「あんなふうになりたい」という気持ちになって、真似をして歩けるようになるのではないかと思います。

その証拠に、オオカミに育てられた人間の赤ちゃんは、四つ足で歩くようになるといわれています。

人間は他の動物と比べて重たい脳を持っていますので、脳の重量を支えながら二本足で立つことはかなり難しいことだそうです。

本来は四つ足で動いたほうがバランスはとりやすいにもかかわらず、二本足で立って、重たい脳を支え、歩こうとします。

きっと、お父さん、お母さんや、周囲の人たちが立って歩いているのを見て、同じようになりたいという本能が働くからでしょう。

子供は、お父さんやお母さんの真似をすることが大好きです。ままごとをさせれば、女の子たちは、自分のお母さんが話しているのと全く同じような口調で話しています。夫婦間の力関係もわかってしまいます（笑）。

また、夏休みに、園児たちを野外の学校に連れていって、女の子たちに料理をしてもらうと、普段お母さんがやっているのと同じように、皮むき器でニンジンの皮をむき、ナイフを使って上手にニンジンを切っています。お母さんのやっていることを実によく見ていて、同じことができる状態になっているのです。

乳幼児には、まだ言葉があまり通じません。言葉を知ってはいますが、経験が少ないので、よく理解できていません。だから、周囲の環境の中で、そこに適応して生き延びていくために、「真似をする」という本能がものすごく強くできているのではないかと私は想像しています。

真似する能力が高いのは幼児期

「九九」の歌を聴かせると、不思議なことに、4歳児、5歳児よりも、2歳児のほうが早く覚えてしまいます。きっと2歳児のほうが真似をする能力が高いのだと思います。

絶対音感を身につけるのも、小学生になってからでは難しくなり、幼児期のほうが身につけやすいようです。

先生が「ドレミ」と弾けば、ピアニカで「ドレミ」という音を弾きはじめます。そのうちに、簡単なものなら、どんな音でもコピーできるようになります。こうして、少しずつ曲が弾けるようになっていきます。そして子供たち全員に、いつの間にか絶対音感が身についてしまいました。やはり、子供はみんな天才です。

音楽ほど、「子供は真似をしたがる」というスイッチが入りやすい教科はないかもしれません。音を楽しんでもらうつもりで、真似をさせてあげると、どんどんできるようになっていきます。

真似をしたがるというスイッチをうまく使うと、子供は不思議なほど成長をしていきます。

何をやらせるときにも、上手にできる子の姿を見せると、すぐに真似をしようとします。「成長したい」「自分もできるようになりたい」という欲求があるために、その子の真似をして、自分もできるようになろうとするのでしょう。

見本を見るだけで、それまでできなかったことが突然できるようになる、という不思議なこともしょっちゅう起こります。

無理にやらせず、できる子供の姿を見せる

幼稚園・保育園の園長先生たちに、跳び箱10段を跳んでいる映像を見ていただくと、「よし、ウチの園でも取り入れよう」とお考えになる方もいます。そして、先生たちが子供たちに一生懸命に跳び箱を教えようとします。

でも、教えようとすると、大きなケガをする子が出てくる危険性が高まってしまいます。どうしてかというと、子供たちは「やらされる」という感覚になるからです。

大人が教えて、やらせようとすると、子供は「やらされている」気持ちになります。嫌々やっていますから、集中力も高まらず、不注意によるケガもしやすくなります。

反対に、子供が自分からすすんでやるときは、夢中になってやりますから、集中力も高まり、不注意によるケガも避けられます。好きこのんでやることと、やらされることには天と地ほどの差があるのです。

逆立ち歩きやブリッジ歩きなどをするときも、無理にやらせようとしないで、先生

たちは、できる子の姿を見せることに重点を置いています。

たとえば、3歳児に、ブリッジ歩きをさせると、頭が床についてしまったりします。でも、先生は「頭を上げて、床につけないで」という指示をすることはしません。

先生の仕事は、ブリッジ歩きが上手な5歳児を連れてきて、お手本を見せること。

「お兄ちゃんは上手でしょ。お兄ちゃんをよく見て！　お兄ちゃんはどうやっている？　頭はどうなっている？」

と言って、子供たちに観察するように指導します。そうすると、子供は必死になってお手本を見つめます。そして、頭を床につけないということがわかり、それを真似するのです。

子供は真似をすることが得意ですから、上手なお兄ちゃんのブリッジ歩きをすぐにコピーしてしまいます。ただし、ブリッジ歩きは、この時期だからできることです。大人は絶対に真似しないでください（笑）。

教えるのではなく学ばせる。やらせるのではなく、自分で学ぶ能力を高めるためにスイッチを入れてあげて、自主的に取り組んでもらうのが「ヨコミネ式」です。

上手な子供を見て学ぶ

**子供は真似をすることが得意。
教えないことが大事。**

上／逆立ち歩きが上手な子がお手本。先生は見て学ばせる。
下／ブリッジ歩きは逆立ち歩きの基本。手踏みが300回できると逆立ち歩きができるようになる。

〈スイッチ3〉子供はちょっとだけ難しいことをしたがる

簡単すぎることは飽きる。難しすぎると挑戦しない

子供は「ものすごく難しいこと」はやりたがりませんが、「ちょっとだけ難しいこと」だと、挑戦したがります。

跳び箱を1段しか跳べない子の前に、10段の跳び箱を置いておいても、挑戦しようとはしません。

しかし、2段の跳び箱を置いておくと、いつの間にか、それを跳ぼうとする子が出てきます。まったく手の届かないことは、やりたくないけれども、ちょっとだけ難しいことだと、挑戦したくなるようです。

反対に、簡単すぎることをやらせていると、子供たちは飽きてきます。1段の跳び

箱をずっと置いておくと、しばらくはその跳び箱を跳んでいますが、やがて誰も跳ばなくなってきます。

ですから、子供たちには「ちょっとだけ難しいこと」を常に用意してあげることが大切です。その子のレベルに合ったちょっとだけ難しい教材を与えてあげることが、子供を大きく伸ばしていきます。

運動でも、勉強でも、ゲームでもちょっとだけ難しい課題を与えると、子供たちは夢中になってそれに取り組みます。目を輝かせて、何とかその課題をクリアしようとします。

これはゲームでも同じです。子供にゲームをやらせると、今までクリアできなかったちょっとだけ難しい場面に、夢中になって挑戦します。

子供は負ける競争はしない

子供には、課題の難しさを判断する能力が本能的に備わっているように思います。

たとえば、30センチメートルくらいの高さのテーブルに赤ちゃんを四つん這《ば》いの状態で乗せておきます。

赤ちゃんは、「降りられる」と判断すれば、大人が何も教えなくても、体を動かして、足のほうから降りていきます。

しかし、「降りられない」と感じたときには、絶対に降りようとはしません。おそらく本能的に危険を察知する能力を持っていて、「できそうにない」と赤ちゃんなりに判断しているのです。これは動物としての本能かもしれません。

ネコでも、自分が飛び降りられる高さを本能的に判断し、できないと思えば、降りようとはしません。

しかし「できそうだ」と思うと、つい、やってしまいたくなる特性があるようです。その特性をうまく利用して課題を与えてあげるのです。そうすると、子供たちは「できそうだから、やってみようかな」という気になって、挑戦しようとします。

「スイッチ1」では、「子供は競争をしたがる」と述べましたが、競争の場面でも、「ちょっとだけ難しいことをやりたがる」という特性が発揮されます。

子供は負ける競争はしたがりません。だから「お父さんとかけっこで競争しよう」と言っても、走りたくありません。子供は乗ってこないでしょう。勝てるはずがないとわかるので、競争したくないのです。

でも、同じくらいのレベルの園児とだと、喜んで競争をします。競争心に火をつけるときにも、「頑張れば、勝てるかもしれない」という「ちょっとだけ難しい状況」を用意してあげることが大切なのです。

子供にやる気を出させるためには、子供のレベルに合ったちょっとだけ難しい課題を与え続けることです。

その仕掛けさえ作ってあげれば、子供は、ゲームに夢中になるかのように、勉強でも運動でも、夢中になって、課題をクリアしようとします。このスイッチが入ってしまえば、放っておいても、次のステージに挑戦していきます。

ちょっと難しい。だから挑戦する

スイッチさえ入れば、
子供は夢中になってしまう。

障害物の多い廊下の先まで
逆立ち歩きで挑戦。

引き算の50マス計算に挑戦中の
立和田優《ゆう》雅《が》くん（年長）。

意味がわからない字は辞書引き、
調べた言葉に付箋を貼っていく。

2歳児にとって「一」はちょっとだけ難しい

前にも述べましたが、初めて文字を学ぶときには、「ヨコミネ式95音」（39ページ参照）を使って、ひらがなの「あ」から順に覚えるのではなく、最も簡単で単純な漢数字の「一」から真似てもらいます。

初めて文字を書く2歳児、3歳児には、3つの線を組み合わせた曲線の多い「あ」を真似することは「ものすごく難しいこと」です。それに対して、1本の直線でできた「一」を真似することはそれほど難しいことではなく、「ちょっとだけ難しいこと」です。ですから、最初に「一」から書いてもらっています。

書くといっても、お手本をなぞって、真似してもらうだけです。「スイッチ2」で述べましたように、子供は真似をすることが大好きです。

5回くらい文字をなぞらせてあげれば、それを真似して、いつの間にか書けるようになっていきます。

「一」が書けるようになったら、「ちょっとだけ難しい課題」として縦棒「｜」を練習してもらいます。それができるようになったら、また「ちょっとだけ難しい課題」として「十」を練習してもらいます。

こうして、順番に進んでいき、「ニ」「エ」「ノ」「イ」といった簡単な文字を書けるようにしてもらうのです。

子供にとっては、文字を書くのは、お絵かきと同じです。「漢字の一」などということは意識する必要はまったくなくて、横棒の線が書けるようになればそれで十分。そして縦棒を書けるようになり、組み合わせた「十」を書けるようにしてもらいます。簡単なものから順番に取り組ませていくと、2歳児でも、3歳児でも、自然に「あ」という文字が書けるようになっていきます。

いきなり「あ」から挑戦させて、そこで子供がつまずいてしまうのはもったいないことです。

「文字を覚えさせる」といったような大げさな考え方はしないで、お絵かきのつもりで取り組んだほうが、子供は喜びます。

教材に子供を合わせると勉強嫌いになる

私たちの保育園では、独自の教材を使っていますが、私が常に言っていることは、「教材に子供を合わせるな」ということです。

学校で使われている教材も、市販されている教材も、簡単なものから順番に並んでいて、徐々にレベルが上がっていくようになっています。

私も、「ヨコミネ式」の独自の教材を、子供にとって簡単なものから並べて作ったつもりです。

ある子は、1ページから順番にやっていくと、できるようになっていくかもしれません。

しかし、別の子にとっては、3ページ目がとても難しく、それよりも4ページ目、5ページ目のほうが簡単にできる場合もあります。

そのときに、無理に3ページ目をやらせようとすると、子供は勉強が嫌になってしまいます。3ページ目を飛ばして、4ページ目に進めばいいのです。

大人は、自分たちの勝手な発想で、「3ページ目が理解できなければ、4ページ目も理解できるはずがない」と思い込んでいますが、そんなことは、まったくありません。

子供によって理解の仕方が違うのは当然のことです。その子にとっては、3ページ目より、4ページ目のほうが理解しやすい、ということはいくらでもあります。

実は、昔は一枚ずつバラバラになっているプリントを使って学習させていたのですが、自分や友達の進み具合を確認できないので、向上心を刺激することができませんでした。

「ボクより隣の○○ちゃんのほうが進んでいる」という刺激が、子供にはとても重要なようです。そこで、競争したがる「スイッチ1」を意識させ、ほかの子と比較しやすいように、あえて製本した教材を使っています。

子供を勉強好きにさせるためには、遊び感覚でやってもらうことが大切です。また、できないところは飛ばし、やりたくないところも飛ばせばいいのです。無理やりやらせようとすると、子供が勉強を嫌いになってしまいます。

わからないところを飛ばして、教材を1冊終えて、もう一度、その教材をやってもらうと、1回目にはできなかった部分が、なぜかできてしまうことが多いものです。

ドリルや練習帳を使う場合には、教材のページ順に合わせないで、その子のレベルに合った「ちょっとだけ難しいこと」を選んで、させてあげることが大切です。

ものすごく簡単な本から始める

2歳児クラスの途中から文字を学ばせると、ほとんどの子は、2歳か3歳で五十音を習得してしまいます。五十音が理解できるようになったら、文章を与えます。文章というのは、「本」のことです。

2歳児、3歳児にとって「本を読む」のは生まれて初めての経験です。難しい本を読ませようとすると、みんな嫌がります。

「ちょっとだけ難しい課題を与える」ことがポイントになります。初めて本を読む子にとっては、どんな本を読むことも、けっこう難しい挑戦です。ものすごく「簡単な本」を与えなければ、読んでくれません。

ところが、大人は「簡単な本」というのがよくわかっていません。講演などをさせていただくと、お母さんや保育士さんたちから「簡単な本って、どんな本ですか？」としょっちゅう質問を受けます。

簡単な本とは、字数とページ数が少ない本です。2歳、3歳の子が、生まれて初めて読む本です。ものすごく字数が少ない本でないと、自分の力で読んでくれるはずがありません。

具体的に言いますと、

1ページ目に、

「**おはよう**」

2ページ目に、

「**こんにちは**」

それで終わり、という本です。これが簡単な本です。

このような本でも、子供は、大人が思うほど簡単に読めるわけではありません。観察をしていますと、文字を一文字ずつ思い出しながら、「お」「は」「よ」「う」と、一生懸命に読んでいます。

顔は、いかにもつらそうな、しかめっ面になっていました。

さらに、2ページ目の「こ」「ん」「に」「ち」「は」という文字も、一文字ずつ思い出しながら読んでいます。

やはり、しかめっ面で読んでいました。ところが、読みおえた途端に、子供の顔に赤みが差してきたのです。

本を読みはじめると、脳に重圧がかかりますが、読みおえた途端に、その重圧から一気に解き放たれて、顔に赤みが差してくるのではないかと思います。

私は脳の専門家ではありませんので、くわしいことはわかりませんが、子供たちが苦しい状態から、一気に解き放たれていく様子がよくわかります。脳の中に何か物質が出て、脳が心地よい状態になるのではないかと想像しています。

こうして、1冊を読みおえると、子供たちは解放感を味わい、快感を覚えます。この経験を繰り返すことによって、中毒症状のようになって、「本が好きでたまらない」という子が続出しているのではないか、と勝手に想像しています。

以前は、卒園までに1人2000冊を読んでいました。今は、冊数にはこだわらず、ちょっとだけ難しい本を読んでもらうようにしています。

ひらがなの絵本ばかり、2000冊も読んでいると、子供たちは飽きてくる様子でした。もっと難しいものを子供は読みたがりました。

「子供は、漢字を求めている」と感じたので、小学校の教科書を読ませてみたら、すぐに漢字を読めるようになりました。求めているものを与えると、吸収力が違います。

園児たちは、その子の成長段階に応じて、小学校の国語の教科書を読んでいます。なかには、年長で中学1年生の教科書を読む子も出てきました。

ちょっとした工夫で大の作文好きになる

子供たちは、作文を書くのが大好きです。

でも、初めから、みんなが作文をうまく書けたわけではありません。書いていくうちに、だんだんとうまくなり、好きになっていったのです。

作文を書いたことのない子が、いきなり作文を書くのは、「ちょっとだけ難しいこと」ではなく、「とても難しいこと」でした。

「とても難しいこと」をさせると、作文を嫌いになってしまう恐れがあります。そこで、まずは「ちょっとだけ難しいこと」をしてもらうことにしました。先生たちでお手本をつくってそれを子供に書写してもらうことにしたのです。

子供たちは、真似をすることが大好きですから（スイッチ2）、お手本を見ながら、文章を写しています。

このときも、子供たちが楽しめるように、ちょっとした工夫をしています。

それは次のような文章です。

とびばこ11だんを
とべました。
うれしいなー。

きのう、こうえんに
いきました。

こういう文章を子供たちは、楽しそうに写しています。
読んでいただいておわかりになったと思いますが、子供の身近なことを書いていますので、自然と作文が大好きになってくるのです。作文が大好きになると、いっそうやる気も高まってきます。

ちょっとした仕掛けで作文が大好きに

楽しかったことを書く。
作文の大好きな子は、勉強も大好きになる。

身近なことを書くことが、
作文好きになるコツ。

お絵かき感覚で「キ」の練習。通山こども園の年中、前畑羽津季《はづき》ちゃん。

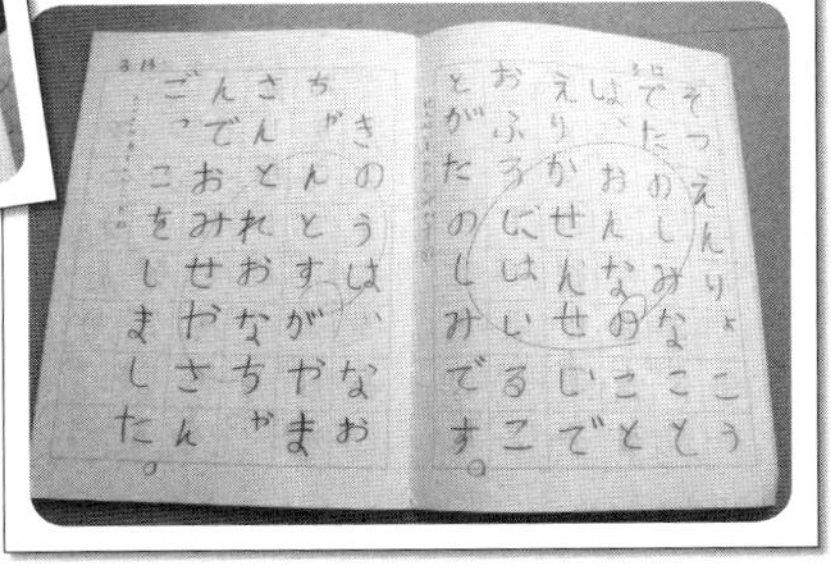

伊崎田保育園の年長、
小野陽葵《ひまり》ちゃんの作文。

〈スイッチ4〉子供は認められたがる

ほめるよりも「お兄ちゃん、お姉ちゃん扱い」する

子供は認めてもらうと、やる気のスイッチが入ることがよくあります。

では、認めてあげるとは、どういうことでしょうか。

簡単に言えば、「赤ちゃん扱い」ではなく、「お兄ちゃん扱い」「お姉ちゃん扱い」をすることです。「ちゃん」付けで子供扱いをすると、物足りなさを感じるのでしょう。

5歳くらいになってきたら、「もう大きくなったから、○○ちゃんとは呼ばずに、名前で呼ぶよ」と言えば、多くの男の子は喜んでくれるはずです。「ボクは強い男の子になったんだ」「お父さん、お母さんから認められたんだ」と思えるからです。

世の中では「ほめて育てることが大切だ」と言われていますが、私は、あまり賛成できません。ほめることよりも、認めてあげることのほうが重要だと思っています。

ほめてばかりいたら、子供はそれに慣れてきてしまって、うれしくなってきます。たまにほめられるからうれしいのです。

うちの園では、跳び箱を10段跳べてもほめません。その代わりに、必ず認めてあげます。初めて跳び箱を10段跳べた子は、認めてほしくて、私のほうを見ますから、「お兄ちゃんなんだから、10段くらい跳べて当たり前だよな」という目で見て、「よしっ。合格！」「オッケー」などと言います。「さすが、お兄ちゃんだ」という目で見てあげて、うなずくだけのときもあります。

それだけでも、子供は「認めてもらった」と思って、うれしそうな顔をしてくれます。そして、次は11段に挑戦します。

認められることで子供は伸びていく

**ほめるのではなく、認めること。
認められると、うれしい。**

できたノートを
先生に見せに行く。

先生にハナマルをつけてもらう年少の福岡未央《みお》ちゃん。

記録が増えていくことがうれしい

今まで1冊も本を読んだことのない子が、人生で初めて、自分の力で1冊の本を読めた日は、人生の記念日ではないかと思います。

私は以前、職員たちに、

「何年何月何日、○○という本を読んだという、記録をつけておいてくれ」

と頼みました。

読んだ本を毎回記録するのは、子供は認められたがるという気持ちを大切にするための方法です。

毎回、先生に認めてもらって、少しずつ記録が増えていくのが、子供にとって、とてもうれしいようです。

毎日の読書記録をつけてあげると、その子の人生が見えてきます。読書ノートをめくってみると、その子の好きなものが浮かび上がってきます。

ある子は、図鑑が好きで図鑑をたくさん読んでいます。

また、別の子は、自動車が好きだったり、昆虫の本を好んで読んでいる子もいます。

読書ノートを見ていきますと、その子の嗜好《しこう》が見えてきます。

ノートに記録をとっていくと、子供たちの競争心にも刺激を与えるようです。

「スイッチ1」で述べましたように、子供は競争をすることが大好きです。記録をとることが競争心のスイッチを入れることにもつながっているようです。

友達のことを本気で喜ぶ子供になる

〈5歳児（年長）の教室〉

おはようございます。
朝の準備はすぐ
終わらせて、ぞう巾がけを

しましょう。
今日は誰がかっこいい
かな？

と黒板に書いておきます。

子供たちは、こう書かれていると、「誰がかっこいいかと」ワクワクした気分で1日を迎えます。

ときにはメッセージの中に子供の名前も出してあげると、みんなが声に出して読んでくれますから、「ボクは認められた」「私は認められた」という気持ちになるようです。

こうした仕掛けを作るだけで、子供たちは、どんどん伸びていってくれるようになりました。

さらに、友達関係もよくなっていきました。

みんなが声を出してメッセージを読みますから、お互いが認め合うことになり、それが生活の一部になります。誰もが主人公であり、誰もが自分の大切な仲間になっていくのです。

こうしたことを続けていきますと、子供たちは、他の子のことをまるで自分のことのように素直に喜ぶようになります。仲間の自慢を部外者にするようになります。自分が跳び箱を10段跳べたことよりも、むしろ、できない子が跳べるようになったことを、子供たちはみんなで喜び合っています。

できない子が、できるようになると、子供たちは走り回って報告しに来て、周りの大人たちに仲間の自慢をしています。

「給食のおばちゃん、ちょっと来て。○○くんが跳び箱6段跳べたよ」

と言って、給食の職員を呼びにいって、見せています。10段跳べる子が、6段跳べた子のことを喜んでいるのです。

そういう場面を見ると、目頭が熱くなってきます。大人にはとてもできません。

先生が認めてあげて、みんなで認め合うクラスを作ると、不思議なほど友達のことを本気で喜ぶ子がたくさん出てくるのです。

「ヨコミネ式」を導入してくださった園の先生たちは、そのことに気がついたと言います。

「子供は認められたがる」スイッチをうまく取り入れてあげると、学力面や運動面が伸びるだけではなく、自分のことを認め、他人のことを認めるという「心の力」も伸びていくようです。

ケンカもしなくなるし、友達との良好な人間関係を築けるようになります。

子供をやる気にさせる ヨコミネ式の教材（一例）

書き方練習帳と計算練習帳。
子供が自ら勉強したくなる仕掛けがいっぱい。

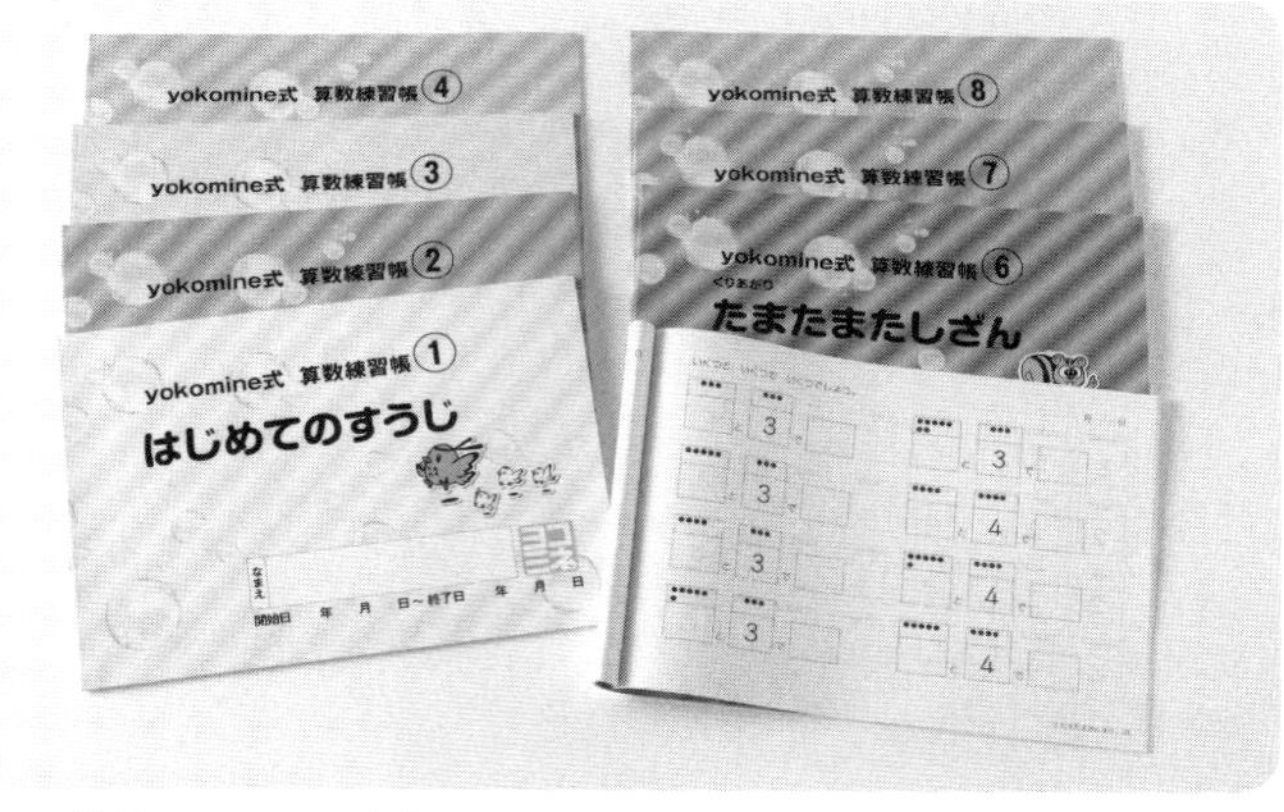

※この教材はヨコミネ式導入園のみの発売です。

第3章

2歳から6歳までのヨコミネ式学習法

小学校がどういうところか知っておく

ひらがな・カタカナのマスターは絶対条件

幼児期の家庭学習を考えるときには、まず小学校がどういうところかをきちんと知っておくことが必要です。それが家庭学習を始めるときの大前提です。

昔と比べると小学校のカリキュラムがやさしいものに変わってきたといわれています。しかし、ひらがな、カタカナの五十音ができない状態で小学校に入ったら、まず間違いなく、子供は学校が嫌になります。学校とは、文字を使って授業をするところだからです。

文字をマスターしていない子は、教科書を見ても、さっぱり意味がわかりません。1年生の段階で、勉強が嫌いになってしまいます。小学校に入るときには「ひらがなで自分の名前さえ書ければいい」などというのは、私から言わせれば、きれい事です。

小学校に入る前に、ひらがな、カタカナの五十音（46音）のすべてを読み書きできるようにしておくことは、絶対条件です。

きちんと学習させてあげれば、どんな子も、小学校に入る前に五十音をきちんとマスターできます。必ず、五十音をマスターさせておきましょう。

そして、本を何冊も読んでもらって、一定の長さの文章を、苦痛なく読めるようにさせておきましょう。

お母さんたちの中には、小学校に入るまでに身につけさせておく学力の目安を知りたいという方がたくさんいます。小学校に入って困らない程度の学力の目安は、

- 五十音をマスターし、本をすらすら読めること
- 簡単な作文を書けること
- 簡単な計算ができること

このくらいができれば、小学校の勉強についていけます。

4時間座っていられる習慣づけも必要

机の前にじっと座っていられず、教室内をウロウロと歩き回る小学生たちがいるということで、問題になっています。いわゆる「小1プロブレム」と呼ばれているものの一つです。

現在の幼稚園・保育園教育を続けているかぎり、私は、小1プロブレムは起こって当然だと思っています。

小学校に入ると、1日4時間くらい、机に向かってじっと座っていなければならなくなります。ところが、今の幼稚園・保育園では、机も置かず、フローリングやカーペットを敷いた教室の床でただ遊ばせているところがたくさんあります。

幼稚園・保育園のときに、イスに座ることもなく、机に向かうこともなく、自由に歩き回っていたのに、小学校に入ったとたんに机の前に4時間も座っていなければならないのです。そのようなことが、子供たちに簡単にできるはずがありません。

一斉保育、自由保育などいろいろな考え方はありますが、いずれの方針の園でも、机の前に座って「読み・書き・計算」をする園はあまりなく、遊び、お絵かき、体操などが中心です。

机に向かう習慣をつけずに、好きなように遊ばせておいて、小学校に入った日から、急に「机の前に一日中座っていなさい」と言っても、無理な話なのです。

小1プロブレムを招いているのは、幼児教育と小学校教育の間に大きなギャップをつくってしまった大人たちの責任です。

3歳までにイスに座る習慣をつける

うちの園では、2歳児からイスに座る練習をします。

フローリングで遊ばせることもありますが、横に机とイスを置いてあります。

先生が、机の上にブロックや粘土を置くと、子供たちはちょこんとイスに座って、楽しそうにブロックや粘土で遊びます。子供の想像力は非常に優れていて、大人が思いつかないような立体的なものを組み立てます。夢中になって作っています。

こうやって、楽しいことをやっていると、イスに座ることに少しずつ慣れていきます。楽しみながら、苦もなく座ることを覚えていきます。

でも、これだけだと、2歳児は楽しめませんから、私は、先生たちに「『ちょっと、こっちおいで』と言って、一人ずつ呼びなさい」と言っています。2歳児が来たら、先生が太ももを持って、逆さまにひっくり返してあげます。子供は楽しくて大喜びします。

そうやって、体を少し動かして、楽しませてあげて、「じゃあ、また、あっちで座って粘土やってね」と言うと、走っていってイスに座って、また夢中になって粘土遊びを始めます。

3歳児になって、年少クラスに上がったら、もうフローリングでは遊ばせません。毎日、イスに座らせます。おもちゃは、紙と鉛筆だけです（笑）。粘土やブロックはやらせません。

2歳児のときに、イスに座って集中して遊ぶことに慣れていますから、3歳児はイスに座ることを嫌がりません。イスに座って、紙と鉛筆を使って、楽しそうに塗り絵をしたり、文字を書いたりして遊んでいます。

2歳児、3歳児で、楽しみながらイスに座り、机で作業をすることを覚えていくと、それに慣れていき、イスに座ることが苦ではなくなります。4歳児、5歳児は、みんな当たり前のようにイスに座って勉強しています。だから、小学校に入ってもまったく苦にならずに、学校でイスに座っていることができます。

小学校に入っても、大きくつまずくことがないように、お子さんをみんなと同じスタートラインに立たせてあげなければいけません。机の前に合計4時間じっと座っていられる習慣をつけておいてあげないと、1年生でスタートラインに立つことすらできなくなってしまいます。

ご家庭では、2歳になったら、お母さんの目の前で、イスに座らせて、ブロックや粘土で遊ばせてあげましょう。

子供はイスに座っていることも忘れて、夢中になって遊びます。

「読み・書き・計算」を毎日20分ずつ

「できることを」一つずつ増やしてあげる

学力面でいえば、お母さんの最低限の仕事は、お子さんが五十音をマスターし、一定レベルの「読み・書き・計算」ができるようにしてあげることです。

とはいっても、一朝一夕《いっちょういっせき》に「読み・書き・計算」ができるようになるわけではありません。小さなことの積み重ねが大切です。

「できること」を一つずつ増やしてあげることを、考えてみてください。

文字の読み書きの場合は、まずは、簡単な文字を1つ書けるようにしてあげる。書けるようになったら、書ける文字を増やしていって、2つ、3つ、4つと積み重ねていって、50個まで書けるようにする。

焦《あせ》ってはいけません。一つずつ積み重ねていけばいいのです。

子供というのは、どんな分野のことでも、できるようになると楽しくなってきて、54ページでも述べた「才能開花の法則」が働きはじめます。

好循環を生み出してあげれば、お母さんが「勉強しなさい」などと言わなくても、自分で勉強するようになります。その好循環を作り出すために、まずは、簡単なレベルのことから、「できること」を一つずつ増やしてあげましょう。

小学校に入った時点で「他の子よりも自分のほうができる」という感覚を持てれば、それがうれしくて、もっともっと勉強をしようと思ってくれる可能性が高まるだろうと思います。小学校に入るまでに、少しずつでいいですから、「できること」を増やしておいてあげましょう。

ヨコミネ式は「教えない」で「学ばせる」子育て法

勉強は、させればさせるほどいいというものでもありません。幼児期の子供ですから、集中力には限界があります。

私が見るかぎり、幼児が一つのことに集中できる時間は20分程度ではないかと思います。

ですから、一つの学習は20分程度にとどめておくのがよいと思います。

幼稚園・保育園でどのくらい勉強させてもらえるかにもよりますが、もし、幼稚園・保育園で勉強をさせてくれないようならば、毎日、読み20分、書き20分、計算20分の合計1時間を学習時間に充てるようにしてください。

毎日必ずやること。

土日も、お正月もお盆も、やるべきです。

「勉強」だと思わせたら、子供はやってくれないだろうと思います。「勉強」だと思わせずに、「遊び」「ゲーム」だと思ってもらうことが大切です。「ゲーム」なら、土日やお正月にやっても、不思議なことではありません。

「ちょっと、お絵かきゲームをしてみようか」と言って、新しい文字を書いてもらったり、「数で遊んでみようね」と言って、数字の学習をしてもらったりすれば、子供も楽しく学べるのではないかと思います。

文字が読めるようになってきた子には、「楽しそうな本があるよ」と言って、本をすすめれば、遊び感覚で本を読んでもらえるだろうと思います。

こうして、1日20分ずつ、読み遊び、書き遊び、計算遊びをしてもらうと、いつの間にか、「読み・書き・計算」ができるようになり、できるから好きになる、という好循環が生まれていきます。

たった20分ずつですが、積み重なると、ものすごいことができるようになります。きっと「子供は天才だ」と実感されるのではないかと思います。

具体的な学習法に入る前に、一つだけ「ヨコミネ式」のポイントを確認しておきますと、「ヨコミネ式」は、「教えない」で「学ばせる」という子育て法です。

どの教科に関しても、お母さんは、できるかぎり教えないようにしてください。2歳以降のお子さんには、自分の力で学ばせましょう。

文字は横棒の一から お絵かき感覚で

2歳になったら文字に興味をもってもらう

2歳になるまでは、お母さんが本の読み聞かせをしてあげましょう。感情を込めて、一つひとつのお話を読んであげると、情感も育ってきます。いくつもの本を読み聞かせしてあげるといいでしょう。

でも、いつまでも読み聞かせをしていると、子供は「受け身」の姿勢が身についてしまって、自分で本を読もうとしてくれなくなります。2歳になったら、少しずつ文字を覚える段階に進んでいきます。

まずは、読み聞かせをするときの本を「ひらがな」や「カタカナ」だけで書かれたやさしい本にします。一つずつの文字を指でさして、声を出しながら読んであげてく

ださい。たとえば、

「おはよう」

と一文字ずつ指でさして読んでいきます。簡単そうな本を一文字ずつ見せながら読み聞かせてあげて、文字について関心を向けてもらいます。

お母さんが手作りのカードを作ってあげるのもいいでしょう。

「お」「か」「し」

「ウ」「ル」「ト」「ラ」「マ」「ン」

など、文字カードで一文字ずつ見てもらいます。勉強というより、遊びです。食事の前に毎日5分ずつ、文字カードで遊んでもらうと、文字というものに興味を持ってくれると思います。

この段階では、文字が読めなくても、何の問題もありません。文字にちょっと興味を持ってもらうという程度で十分です。

子供にとって「一」は簡単な文字ではない

文字に興味を持ってもらったら、次は、文字を覚えてもらう段階です。

私たちの園では2歳児クラスの途中から始めていますが、2歳児であれば、文字を覚えていくことが可能です。

といっても、2歳児にとっては「お絵かき」に近い感覚だろうと思います。楽しくお絵かきをしてもらうつもりで、文字を覚えていってもらいましょう。

文字を覚えてもらう順番は、使いやすそうであれば、「ヨコミネ式95音」（39ページ参照）を利用してください。

まず目で仕切られた文字練習帳を買ってきて、お母さんが薄い色（グレーやイエローやグリーンなど）のサインペンで、「一」という字の見本を5個くらい書いてあげます。鉛筆の持ち方を教えてあげて、「一」という文字を左から右になぞらせます。

「上手だね」

などと言いながら、5個分をなぞらせます。そのあとに、

「じゃあ、真似をしてここに書いてみようか」

と言って、見本の書かれていない欄に書かせてみましょう。

子供にとって、「一」いう字は、そう簡単な文字ではありません。

2歳児、3歳児に書いてもらうと、波を打ったような「一」になったり、枠から大きくはみ出してしまったり、斜めになったり。大人にとって「一」は簡単な文字でも、子供にとっては簡単ではありません。

「どうして、横棒が引けないの？」と思うかもしれませんが、引けないのが普通です。2歳児、3歳児の脳の中には、まだ「線を引く回路」ができていません。まっさらな脳の中に少しずつ回路を作ってあげるのです。

無理やりやらせて、「嫌だ」「苦しい」という気持ちが出てくると、「線を引く回路」とともに、「嫌な気持ち」が記憶されるかもしれません。

楽しい気持ちで練習ができるようにさせてあげると、「線を引くことは楽しい」と思って、進んでやるようになります。

5回なぞったら、できても、できなくても、それでもう終わり。

たくさんやらせればいいと思っているお母さんもいますが、子供を、「やりたくない」という気持ちにさせないことのほうが大事です。

「はい、今日は、これでおしまい」

と言って、もうやめましょう。子供が「もっとやりたい」と思うくらいのところで、やめておきます。「あとは、明日、やろうね」と言って、翌日やらせてあげましょう。

横棒の「一」ができるようになるまでに、時間のかかる子もたくさんいます。何か月もかかるかもしれません。

でも、時間はかかっても必ずできるようになりますから、お母さんが焦ってしまうことがないようにしてください。

すぐにできるように「させる」のではなく、「できた！」という瞬間をじっくりと待ってあげましょう。子供が楽しくやって、「自分の力でできた」と思えることが何よりも大事です。

お母さんが書いたあとをなぞって書いていると、うまく真似して、その文字を書けるようになる子もいます。子供をやる気にさせる「スイッチ2」で紹介しましたように、子供は真似をすることが大好きです。

うまく書けたら、

「すごいね。上手に書けたね」

とほめましょう。生まれて初めて文字を書けたのですから、思いっきりほめてあげていいと思います。

ただし、すべての文字でほめていると、子供はほめられることが当たり前になってうれしくなくなってきます。ときどきほめる程度にとどめておいて、認めてあげることを増やしていきましょう。

「はい、できた」「よし」など簡単な言葉でいいですから、必ず一回ずつ認めてあげてください（スイッチ4）。

1文字5個書く作業を何度も繰り返す

子供をよく観察し、楽しくやれる範囲で

遊び感覚で「一」という文字を何度も真似してもらいます。「一」という文字を書けたとします。大人が見ると、「これが文字?」というような変な字です。

それでまったく大丈夫。心配いりません。何度も何度も書いていると、上手になってきます。次の日も、また「一」を5回書いてもらいます。その次の日も、また5回。だんだん上手に書けるようになっていきます。

書けるようになると、子供は飽きてきます。そうなったら、「スイッチ3」の「子供はちょっとだけ難しいことをしたがる」という特徴を生かして、少しレベルアップします。次は、縦棒「|」を書かせてみます。

お母さんが5個くらい「―」の見本を、薄い色のサインペンで書いてあげて、そこを上から下に鉛筆でなぞらせます。書けたら、空欄に自分で書いてもらいます。うまく書けたら、必ず認めてあげてください。

こうした作業の繰り返しによって、子供は文字を書けるようになっていきます。脳の中に、文字を書く回路が少しずつできていきます。

ただし、一度書けた文字でも、すぐに忘れてしまいますので、何度も繰り返しやってもらいましょう。

昨日は書けたのに、今日はうまく書けないというときには、お母さんが書いてあげたサインペンの上の鉛筆文字を消しゴムで全部消して、もう一度、そこを正しい書き順でなぞるようにさせます。そのあとで、また白い欄に書いてもらうと、思い出して、書けるようになります。

どうしても、書けるようにならないときは、お母さんが子供の手の上に手を添えて、一緒になぞることをしてもいいかもしれません。

焦らず、少しずつ。子供が嫌にならない量で、やめます。1文字5個書くのを嫌がる子なら、3個でもOKです。必ず、自分のお子さんの状態に合わせてください。

文字によって数を変えるのもOKです。「あ」や「む」は、曲線が多く、子供にとって難しいので、「あ」や「む」は1日3回にしてもいいでしょう。とにかく、お子さんをよく観察しながら、嫌にならないように、ムリをさせないように、楽しくやれる範囲にとどめておいてください。

ここまで読んでいただいて、「大変そうだな」と思われたかもしれません。そう、大変なんです。子供が育っていくのを応援するのは、手間暇がかかります。時間もかかります。

「一」という字を1日5回書かせてやめてしまうより、あいうえおの「あ」を毎日100回ずつ書かせたほうが、どれだけ大人にとって楽か。だけど、子供にとっては苦痛です。ムリにやらせずに、スイッチを入れるやり方をしましょう。

スイッチが入るまでは非常に大変ですが、スイッチが入れば、子供が勝手に勉強するようになります。うちの園児のお母さんたちは、「うちの子は、なんで、勝手に勉強するんだろう」と言って、喜んでいます。

「一」の次に書けるようになる文字は子供によって違う

「一」を書けるようになるのに、何か月かかるかはわかりません。

でも、お母さんが無理強《じ》いして、覚え込ませた字ではなく、子供がやりたいようにやって、自然に書けるようになった字です。

無理やり覚え込ませて1日で書けるようになった「一」より、好き勝手にやらせて何か月もかかって自分で習得した「一」のほうが意味があります。その後の子供の意欲が違ってきます。

自分の力でできるようになると、うれしくなって、どんどんスピードアップしていきます。楽しくやってもらえば、どこかでスイッチが入ります。お母さんは、それを信じて、無理に教え込まないようにしましょう。

なかには「一」が書けるようになったあとに、縦棒の「｜」やクロスさせた「十」を書くのを難しく感じる子もいるでしょう。「一」の次には、「二」のほうが書きやすいかもしれません。

「一」や「十」を書くのが難しそうなら、飛ばして「二」を書いてもらいましょう。「ヨコミネ式」で学ばせたいお母さんの中には、「ヨコミネ式」では、「一」の次は「十」。その次は「二」と思い込んで、このとおりにやらせようとする方もいます。

でも、よく考えてみてください。

それは、あなたのお子さんに合わせているのではなく、発案者である横峯吉文に合わせているのと同じです。横峯吉文に合わせないでください。私はただの鹿児島のおじさんです（笑）。

目の前の一人ひとりのお子さんに合わせる——それが「ヨコミネ式」です。

「一」ばかりをずっと書いていて、次の文字に行かない子もいるかもしれません。でも、それでもいいのです。

「一」をずっと書いているだけでも、日本語の文字の基本である「左から右に線を引く」という感覚は身についていきます。

難しい文字はいずれ書けるようになりますから、子供のレベルに合わせて、無理をさせないでください。

五十音を覚えたら、簡単な本を読ませていく

本を1冊読めたことが、ものすごくうれしい

ひらがな、カタカナの五十音（46音）を覚えたら、本を与えましょう。

このときに重要なことは、簡単な本を与えること。「スイッチ3」の「子供はちょっとだけ難しいことをしたがる」を思い出してください。

子供はすごく難しいことはしたがりません。ちょっとだけ難しいことだと、やりたがります。

文字を覚えたばかりの子にとっては、大人が簡単そうに思える本でも、相当難しいはずです。最初の本は、ものすごく簡単な本を与えなければいけません。簡単な本とは、114ページでも述べたように、文字が少なく、ページが少ない本です。

初めて本を読ませるときは、「ひらがなも全部覚えたみたいだから、お姉ちゃんになったね。今日は、自分で本を読んでみる？」などと言って本を与えてみましょう。一文字ずつ確かめるように、声を出しながら、本を読んでいくはずです。その一生懸命な姿に、きっとお子さんの成長のあとを感じるのではないかと思います。

さて、1冊の本を読み終わったときのお子さんの顔は、どんな表情をしているでしょうか。

おそらく、とても晴れやかな表情になっているのではないかと思います。本を1冊読めたことが、ものすごくうれしいのです。

生まれて初めて自分の力で読んだ本です。お子さんの人生で、これほどの大きな「記念日」はないと思います。読んだあとには、たくさんほめてあげましょう。

読んだ本は、必ず読書ノートに記録してください。それが子供を認めてあげることにつながります。

読書ノートの記録が少しずつ増えていくことが、「認めてもらった」という喜びにつながります（スイッチ4）。

1ページか2ページ多い本に挑戦してもらう

何冊もの簡単な本を拾い読みできるようになったら、ちょっとだけ本のレベルを上げていきましょう。

「ちょっとだけ」という点を忘れないようにしてください。今まで3ページの本を読んでいたら、4ページの本を探してきたり、3ページだけど少しだけ文字数が多い本を探してきたりして、それを与えます。子供は、ちょっとだけ難しいことには、挑戦したがります。

レベルを上げると、読めない文字が出てくるかもしれません。文字を間違えて覚えているといけませんので、引き続き、一文字ずつ指でさして、声に出して、読ませてください。

読めない文字があるときにも、いきなり答えを教えないで、「これは、何という字だった？　覚えてる？」と聞いてみましょう。頭をひねって、自分の力で思い出すかもしれません。

声を出しながらの拾い読みが間違いなくできるようになってきたら、「だいぶ読めるようになったから、じゃあ、声を出さずに読んでみようか」と言って、黙読をさせてみましょう。お子さんは、「お母さんから認めてもらった」と思ってうれしくなって、黙読に挑戦すると思います。ただし、ときどき声に出して読ませて、一文字ずつ間違いなく読めているかを確認してあげてください。

うちの園では、2歳児までは読み聞かせをしますが、3歳児以降の文字を読める子には、読み聞かせはしていません。

いつまでも読み聞かせをしていると、自分で文字を読むことを苦痛に感じるようになる子もいます。ですから、文字が読めるようになった3歳児からは、読み聞かせはしていません。

読み聞かせは、先生が子供に下請けに出しています（笑）。5歳児が、1歳児、2歳児を膝の上に乗せて読み聞かせをしてあげています。メチャメチャかわいい姿です。

先生たちは、5歳児をお兄ちゃん扱い、お姉ちゃん扱いしています。そうすると、5歳児はさらに成長していきます。

本読みは簡単な本から始める

声を出しながらの拾い読みで、ちょっと難しいことに挑戦。

「くまさんが　ふくろを　みつけました」(「はなのみち」)
小学1年生の国語の教科書を読む稲付翔空《そら》くん(年少)。

1文字ずつ指でさしながら自力で読みきる。

作文は楽しい文章を写すことから始める

子供が興味を持てそうな文章を考える

小学校に入ると、作文を書かなければならなくなります。小学校に入る前に、ある程度の作文を書けるようにしてあげましょう。

といっても、ようやく文字を書けるようになったばかりの子にとって、作文は「ものすごく難しいこと」です。子供は「ちょっとだけ難しいこと」でないとやってくれません。

お母さんが見本を書いてあげて、それを書写してもらうことから始めてみるのがいいでしょう。

きのう、おかあさんと
スーパーにかいものにいきました。
だいすきなアイスクリームを
かいました。

子供は、真似をするのが大好きですから、喜んで真似をすると思います。文章の内容が楽しければ楽しいほど、子供は夢中になって写すはずです。

子供が楽しめそうな文章を考えて、見本を書いてあげましょう。8字×6行ぐらいの簡単なものがいいと思います。食べ物や乗り物、アニメの主人公、お父さんやお母さんのことなど、子供が興味を持てそうな内容にしてください。

よこみねせんせいは、
タバコをすっては
いけないところで

タバコをすっていました。
ぼくがちゅういしました。

毎日続けていけば、いつの間にか、作文の基本となる言葉の使い方が身についてきます。「てにをは」なども、自然に身についていきます。

練習を積んで「一人でもできそうだな」という段階になったら、今度は自由に作文を書かせてあげましょう。

なお、書写がうまく書けたときも、作文がうまく書けたときも、必ずノートに花マルを書いてあげるなどして、一回ずつ認めてあげてください。

うまく書けないときには、お母さんが質問してあげましょう。

「朝、何を食べた」
「パンを食べた」
「どんなパンを食べた？」

「ジャムパンを食べた」
「おいしかった？」
「おいしかった」

こんなやりとりをして、それを文字にしてもらいます。

あさ、ジャムパンをたべました。
おいしかったです。

子供は、お父さんやお母さんに伝えたいことがたくさんあると思います。作文が書けるようになると、うれしくなって、一生懸命に書いてくれます。

お父さんが、「こんなに書けるなんて、もうお兄ちゃんだ」と言って、認めてあげれば、もっと書くと思います。

書写ができれば作文もうまくなる

お母さんのお手本を
書き写してもらいましょう。

題材は子供の身近なものがベスト。

卒園までに小学校2年生の漢字を練習する。

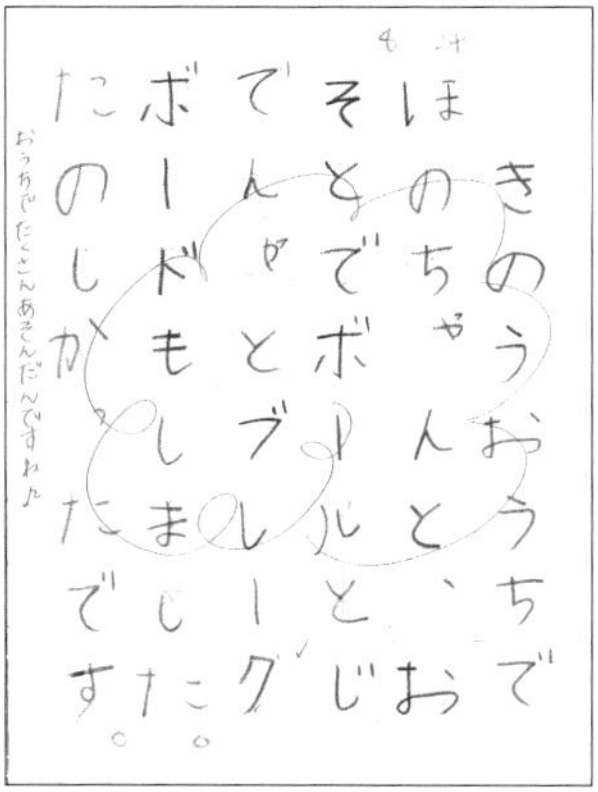

年長の池本まなかちゃんの書写ノート。花マル。

数を覚えたら、簡単な計算にチャレンジ

20分経ったら「はい、今日はこれで終わり」

算数は、まず「数」の学習をすることから始まります。一番簡単なのは指を使って、数を覚えてもらう方法です。指を使って、10までの数を、少しずつ覚えてもらいましょう。

指を使って数がわかるようになってきたら、市販の練習帳などを使って、さらに数に慣れてもらうといいと思います。

市販の教材なら何でもかまいません。公文などでもいいでしょう。優れた教材はたくさんあるだろうと思います。できないところや、やりたくないところは飛ばして、お子さんのレベルにあったやり方をしてください。

たとえば、教材が、

1番「おなじかずを　せんで　むすびましょう」
2番「すうじと　おなじかずだけ　いろを　ぬりましょう」
3番「このすうじは　どっちですか。○をつけましょう」
4番「すうじと　おなじかずだけ　□のなかに　○をかきましょう」

の順番で、並んでいるとします。

子供にとって、必ずしも、この順番がやりやすいとは限りません。2番目の「色を塗ること」よりも、3番目の「○をつけること」のほうがやりやすい子もいるかもしれません。

そういう子に、1番の次に、無理に2番をさせようとすると、やる気をなくしていってしまいます。色を塗ることをしたくなければ、それを飛ばして、3番の○をつけるという問題をやればいいのです。

1番をやり、2番を飛ばして、3番、4番の順でやっていって、そのあとで、また1番に戻ってみれば、次は2番の問題に挑戦したくなるかもしれません。

幼児期の教育では、子供のやる気を失わせないことが一番大切です。

焦らず、ゆっくり、ゆっくり。

子供の集中力の限界は20分ですから、20分経ったら、「はい、今日はこれで終わり」と言って、やめさせましょう。

今日できなくても、明日やればいいのです。明日できなくても、あさってやればいい。子供が嫌にならずに、楽しくできることが最優先です。

足し算が、すべての計算の基本

さまざまな教材で練習を積むと、数のことがだんだんとわかってきます。数が理解できるようになったら、次は、計算練習です。

まず足し算を覚えていってもらいましょう。子供には、それぞれ独特の計算の仕方があるようです。声に出して計算する子もいれば、指を数えて計算する子もいます。どんなやり方でもかまいませんので、子供がやりやすい方法で、計算を覚えていってもらいましょう。

足し算ができることが、すべての計算の基本になります。時間をかけて、きちんと足し算ができるようにしてあげてください。

足し算ができるようになったら、引き算に入ります。

引き算は、足し算よりも時間がかかるかもしれませんので、じっくりと取り組んでください。

子供にとっては、数を分割するのはけっこう難しい課題のようです。「5は、3となに？」といったように、数を分ける問題になると、つまずく子もいます。焦らずにゆっくり時間をかけて進めていきましょう。

あまり難しい課題には取り組ませず、「ちょっとだけ難しい課題」を与えてください。課題ができたときには、そのつど、認めてあげることも忘れないでください。

黙想をして、集中力を高める

文字や数字に慣れてきたら、勉強の集中力を高めてあげましょう。

うちの園では、計算問題も書き取りも、始める前には、黙想をします。年中の子も年長の子もみんな黙想からです。

集中力を高めるためには、目を閉じて姿勢を正すことがとても大事です。


「はい、黙想」

子供たちは目を閉じて姿勢を正します。

先生が、質問します。

「お口はどうするの？」

「チャック！」

姿勢の悪い子には、先生が声をかけます。

「〇〇ちゃん、顔上げて」

こうして、姿勢を正して、1分から2分くらい黙想をします。黙想してから始めると、子供たちは集中して取り組めるようです。

ご家庭でも、少し目を閉じさせて、黙想してもらって、姿勢を正してあげて、そのあと勉強に20分間集中させてあげましょう。

20分が終わったら、パッとやめれば、子供の集中力は高まっていきます。ダラダラと続けないで、時間が来たら、「はい、終わり。後は、明日やろうね」と言って、やめさせましょう。

「もっとやりたい」

と言い出したら、だんだんスイッチが入ってきた証拠です。

それでも、20分以上は集中力が持たないでしょうから、そこでやめさせておきましょう。

ソロバンを始めると、信じられないほど伸びていく

数字がわかったら、3歳でソロバンをスタート

私がソロバンを指導しているわけではありませんので、以下は、ソロバンを担当している清水なつき先生から聞いた話です。

以前は、ソロバンを一斉に始めていたようですが、今は、数字の概念がわかった子からやってもらうようにしています。多くの子は、3歳からソロバンをスタートしています。

ソロバンを始めるには、数字が書けることが前提です。数字は「たまたま足し算」「たまたま引き算」という教材を使って覚えてもらっていますが、ソロバンにスムーズに入っていけるように、数字を黒い玉で表現しています。数字を覚えながら、ソロ

バンの珠《たま》をイメージできるようにする仕掛けです。

最初は鉛筆の持ち方を覚えてもらいます。ソロバンは親指と人差し指で珠を弾《はじ》きますから、普通の鉛筆の持ち方と違います。鉛筆の持ち方から始めると、いつもの持ち方と違うので、子供たちは楽しそうにやります。

下の珠を使って1、2、3、4と順番に入れていって、5は、上の珠を入れますが、子供にとっては、ソロバン遊びのようなものです。

こんなレベルから始めて、信じられないほど伸びていって、3年間くらいで、年長の頃には、1級にまで達します。

1級のテストは、171ページのようなものです。

ソロバン1級くらいの子は、頭の中にソロバンの珠が浮かびますから、暗算もすぐにできるようになります。

ムリなことはやらせません。年少の子は、個別に見てあげながら1回5分くらいです。そこから積み上げていくと、年少の子でも30分くらいできるようになる子もいます。目安としては、年中で30分、年長で1時間です。

30分、1時間が経ったら、途中であっても、「はい、今日はここまで」と言ってピタッとやめさせます。

集中力を持ってやるには、時間を区切ってあげることが大事です。ただし、子供が「どうしても今日中にここまではやっておきたい」と思っている場合もあります。

そういう子には、「あとで持っておいで」と言って、夕方の空き時間に続きのところを自学自習でやってもらったりしています。基本的には、子供中心です。

ソロバンがおもちゃになると、やり続ける

ソロバンで子供がつまずくのは、分解のところです。

たとえば、7に9を足すときには、10を足して1を引きますが、10を9と1に分解するところでつまずきやすいので、表を置いて自分たちで覚えてもらっています。分解の壁を通り過ぎると、急速に伸びていきます。

8級で割り算が入り、6級で割り算の分解が入り、ここで少しつまずく子がいます。

小数点が入る3級は大きな壁になっていて、ここをクリアすると、2級、1級は、桁が増えるだけですから、スピードだけの問題になります。

1か月に1回検定がありますが、飛び級してどんどん進んでいく子もいます。

子供たちがなぜ急速に伸びていくのか不思議ですが、先生たちによれば、「子供たちはソロバンをおもちゃのように使っている」とのことです。ソロバンを学んでいるというより、おもちゃで遊んでいる感覚のようです。8級、7級、6級とクリアしていくのがゲームのように楽しくなって、どんどんやり続けます。

最初は、先生が珠の入れ方を教えたりしますが、途中からは、先生が見ている前で子供が勝手にやっている状態です。先生は、子供がつまずいたときだけ、ちょっと手助けをするという程度です。

子供がつまずいたときに、先生が「こっちおいで」と言って教えることは簡単ですが、それはしていません。教えないのがヨコミネ式です。

子供が「教えてください」と言ってきたときだけ教えます。あくまでも本人の「もっとやりたい」という意欲が中心です。そういう意欲が子供を伸ばします。

能力を高めるには ソロバンが最適

検定合格のステップが楽しい。
ソロバンは子供にとって最高の遊び。

7級から1級まで、それぞれ自分の級に取り組む。
ソロバンができれば、暗算も簡単。

1級かけ算問題

小数第3位未満四捨五入

1	4,623	×	73,961	=
2	56.5	×	3,745.79	=
3	7,749.3	×	12.98	=
4	0.86094	×	0.0348	=
5	25,780	×	7,402	=
6	9,450	×	0.00448	=
7	0.8826	×	0.00938	=
8	7,349	×	46,167	=
9	0.391875	×	51.2	=
10	33,274	×	0.4725	=

ソロバン1級の検定問題。

1〜8級はみとり算(たし算)、かけ算、わり算の550点満点で380点以上が合格。

制限時間は30分。

お母さんは教えるプロではない。だからいい

5歳児が何人もソロバン1級に合格

うちの園では、「すごい先生が教えているのではないか？」と思われるかもしれませんが、そんなことはありません。

人手が足りなかったので、助手として若い女性を採用しました。保育士の免許もないフツーの21歳です。谷口もえ先生と言いますが、ソロバンの助手として、アルバイトとして入ってもらいました。

ずっとソロバンの指導をしてきた清水なつき先生たちの蓄積があったこともあり、もえ先生が入ってから、花が開き始めました。5歳児がソロバン1級に何人も合格するようになったのです。1級を含めて上位の級に大量合格者が出ました。

私は、もえ先生を呼んで、

「秘訣は何？　こそっと、教えて（笑）」

と聞くと、秘訣はないとのこと。

「1日、何時間したの？」

と聞くと、

「3時間半やりました」

と。私は、ビックリして、

「3時間半もして、子供が嫌がらんか？」

と聞くと、

「みんな、遊びの時間を削ってでも、ソロバンしに来ますよ」

と言います。

子供たちは、朝早く園に来て遊んでいて、先生を見つけると先生のところに来て、ソロバンをします。

夕方も、遊びの時間なのに、先生のところに来て、ソロバンをする。

誰も強制していません。子供たちが勝手に先生のところに来て、ソロバンをやっているのです。以前は、「頑張ることが苦にならない」というレベルでしたが、スイッチが入ってしまって、「目標に向かって頑張ることが大好き」という状況になってしまいました。

保育園の1日は長いですから、朝から晩まで、空き時間は全部ソロバンをやっている感じです（笑）。

子供たちは、5級に合格し、4級に合格して、成功体験を持ちました。そうやって小さな成功体験を積み重ねるうちに、「もっとやりたい」「やりたくて仕方ない」という状態になってしまったようです。

ゲームの画面で、5級をクリアし、4級をクリアし、3級をクリアするのと同じです。「もっとゲームがしたい」と長時間やっていたら、1級の画面もクリアできてしまったような感じです。子供たちにスイッチが入ってしまいました。もちろん、たんに低年齢で1級に合格することが目的ではありません。

もえ先生は、ソロバンのプロでも何でもありません。私が言いたいのは、「プロでなければ教えられない」というわけではないということ。むしろ、プロのほうが教えたがるのでダメなのです。教えたら、子供は伸びません。

もっとも、もえ先生は指の使い方など子供たちにきちんと徹底して指導しました。しかし、もえ先生がソロバンを「教えた」のではなく、子供たちが「勝手にソロバンを練習した」のです。これで、急激に成果が上がり始めました。

もえ先生がやったことは、「スイッチを入れる」ことでした。たぶん、スイッチの入れ方が非常に上手だったのだと思います。

お母さんたちは、教えるプロではありません。だからこそ、子供にとっていいのです。教えたら子供はやりません。「私は、算数が苦手だった」とか「ソロバンなんかやったことがない」という人は、一番いい。

「教える」のではなく、子供が自ら「学ぶ」ようになる仕掛けを考えてあげましょう。それがお母さんの知恵です。子供をよく観察して、仕掛けを考えてあげてください。「教える」よりもはるかに効果があります。

何度でも挑戦！心の力が夢を実現させる

落ちてチャレンジする機会が増えた

ソロバンの模擬テストのときには楽々合格ラインを超えているのに、検定の本番になると、緊張して指が動かなくなって、落ちてしまった子がいました。その子は、落ちてずっと涙を流していました。

でも、自分で考えて、翌月、その子はリベンジして見事に受かりました。先生たちも「やったー」と、みんな涙したそうです。

つまずいたときに「もうやらない」と言い出す子がいないところが、不思議というか、子供のすごいところです。

年長の子が４人１級を受けたときに、３人受かって１人落ちたことがありました。

落ちたのは男の子。「くやしい」「くやしい」と言って、泣いて落ち込んでいましたが、「もうやめる」とは言いませんでした。

すぐに頭を切り換えたのか、「持って帰る」と言って、模擬テストの問題を家に持って帰って全部やってきました。

つまずきもありますが、それでもあきらめずにもう一度チャレンジする。そこが子供にとっての一番の学びになります。順調に受かってしまうよりも、はるかに成長できます。

リベンジして受かった子供の喜ぶ顔は、格別ですよ。

うちの園の先生たちの多くは、自分の子供を3つある園のどこかに預けています。

ヨコミネ式のことをよくわかっていますので、自分の子供がソロバン検定などに落ちたときに、

「『落ちて、よかった』と思った（笑）」

と言っている先生もいます。

落ちたときに我が子がどうするかを見たいというのです。落ちたけれども、頑張ってもう一度チャレンジして合格したときに、「ああ、この子はまた一つ成長したんだ」と思えたと言います。

ここが大事なところです。

私がヨコミネ式で子供たちに身につけさせてあげたいのは、こういった「心の力」です。

ソロバン1級を取るとか、そういったことは、二の次です。順調に1級を取ることよりも、「3級を取れなくて、何度も何度も落ちたのに、それでも頑張って3級が取れた」というほうが、子供にとって大切な経験になります。

同じやり方で何度も不合格になったとすれば、やり方を修正しなければいけないかもしれません。

「ここが苦手」「時間が足りない」など、子供ごとに課題が違います。自分で考えて、やり方を工夫することで、どんどん頭がよくなっていきます。

1級を取ることがヨコミネ式の教育ではありません。落ちても落ちても、何度も挑戦する。うまくいかなければやり方を工夫する。そういった心の力、学ぶ力をつけてもらうのがヨコミネ式です。

それらの力が、将来、自分の夢を実現させるときに、一番重要になってくると思います。

園の先生たちの観察によれば、あらゆる教科の中で、ソロバンが一番子供の集中力を高めていると感じるそうです。

おもちゃのようにソロバンを使いながら、計算力も高め、さらに集中力も高めているという点で、ソロバンは子供にとってとてもよいツールです。

お母さんがソロバンをやったことがなくても、問題ありません。

「教える」必要はありませんから、お子さんが「楽しく学べる仕掛け」を工夫してみてください。

子供はみんな天才、できない子はいない！

先生たちが涙した「3秒間のつかまり立ち」

「うちの子は、ちっともできるようにならない」と不安を抱えているお母さんのために、一人の男の子のケースをご紹介します。

3歳の男の子が伊崎田保育園に入ってきました。その子は、生まれつき、呼吸不全と腎不全があり、体温調節もできない状態でした。

下肢《かし》に不全があって、歩くことはできず、食事は鼻からチューブを入れてとっていました。酸素が十分に脳に行っていないため、酸素呼吸器も付けていました。声はまったく出せませんでした。

どこの保育園でも預かってもらえず、困り果てたお母さんが相談に来ました。

伊崎田保育園の先生たちは、これまで何度も障がいを持ったお子さんを預かって、成長させた経験がありましたが、これほどの障がいのある子を預かれるのか不安に思ったようです。

入園初日、先生たちは不安でいっぱいでしたが、この日から、現場の先生たちは、信じられないようなお世話をしました。

毎日、チューブで食事を取らせているうちに、この子が何をしてほしいのかわかってきたそうです。みんなと同じように、口から食事を食べたいのです。

先生たちは、「口から食べさせてあげたい」という思いで、離乳食をすりつぶして食べさせてみました。

最初は、1口、2口、口に入れるのが精いっぱいでした。呑《の》み込むこともできません。でも、先生たちはあきらめませんでした。子供が嫌がらない程度に、ずっと続けていったら、だんだん口から食事を取れるようになりました。

子供の成長は、大人の想像を超えています。8か月ほど経ったときには、みんなと同じように、口を開けて給食を食べられるようになったのです。

口から食事が取れるようになると、体力がついてきます。そこで、大人のリハビリ用の道具を子供用に作り替えて、つかまり立ちの練習をさせてみました。なかなか立つことはできませんでした。

でも、この子は自分の足で立ちたかったようです。あきらめずに、何度もつかまり立ちに挑戦しました。

何度も何度も挑戦し、わずか3秒間ですが、ついに、つかまり立ちができました。生まれて初めて、自分の足で立つことができたのです。

それから、毎日この子は頑張りました。時間はかかりましたが、歩行器無しで1歩、2歩と自力で歩けるようになりました。その姿を見て、先生たちは涙を流しました。

時間はかかっても、間違いなく伸びていく

私も話を聞いて感動し、この子の頑張りにも、先生たちの頑張りにも頭の下がる思いでしたが、それで終わっていたら、私たちの仕事は務まりません。

私は、先生たちに、「この子が、将来、社会で生きていくことは、どういうことかわかってるよね。社会に出たときに何が必要かわかるね」と言うと、「はい、読み・書き・計算の能力です」という答えが返ってきました。

この子は、呼吸器の障がいがあるため、声は出せません。酸素吸入器をいつも付けています。そこで、先生たちは、おもちゃの笛を吹かせてみました。まったく音は出ませんでした。

1か月ほど続けたところ、「スー」「スー」という音が鳴りました。2か月ほど経つと、「ピー」と鳴らすことができました。それから、声が出るようになってきました。でも、「あ」「い」「う」という発音はできません。

先生たちは、車で鹿児島市内に行って、「あ」「い」「う」という音声の出るおもちゃを買ってきてました。おもちゃを使いながら遊ばせたら、「あ」「い」「う」という声が出るようになりました。

「あ」「い」「う」「え」までは、順調に声を出せるようになったのですが、「お」が難しかったらしく、「お」という1音を発声できるまでに1か月かかりました。

それから先も、先生たちが、少しずつこの子の力を伸ばしてあげることをやっていきました。想像を絶するほど手間がかかり、時間もかかりましたが、この子がどうなっていったのか――。

年長さんになって、運動会で走ることができるようになったのです。この姿を見て、おばあちゃんも、お母さんも、先生たちもみんな涙があふれてきたそうです。

勉強も、小学校1年生の国語の教科書が読めるようになりました。最初は、声も出なかった子です。「あ」「い」「う」という発声もできなかった子が、教科書を音読できるくらいに成長しました。

もちろん、この子にも「できること」と「できないこと」はあります。この子は跳び箱は跳べません。その代わりに、トランポリンをやらせてみましたので、ジャンプはできます。壁逆立ちをさせてみたら、できるようになりました。

信じられないことですが、逆立ち歩きもできるようになりました。他の5歳児ほど長距離の逆立ち歩きはムリですが、きちんとできました。

この子は、文字を声を出して読めるようになり、簡単な計算ができるようになり、走ったり、逆立ち歩きができるようになったりして、卒園しました。

私は、この子に限らず、障がいを持っているからといって「障がい児」などというレッテルを貼らないでほしいと強く思っています。

「障がい児」ではありません。みんな「天才児」です。時間がかかる子はいますが、できない子はいません。必ずできるようになります。

どんな子も、将来、社会で生きていかなければなりません。お父さん、お母さんが亡くなったあともずっと生きていきます。

障がいを持った子の場合は、「できないこと」はありますが、その一方で、「できること」もたくさんあります。「障がい児」というレッテルを貼ってしまうと、「できること」に目が向かなくなり、その能力が伸びなくなります。

障がいを持った子も「できること」はたくさんありますから、「できること」を生かして、自立していけるくらいの能力は身につけさせてあげたいと私は思っています。

子供は時間をかければ、間違いなく伸びていきます。時間はかかるかもしれませんが、必ず伸びると信じてください。

COLUMN 2

横峯理事長、ヨコミネモンゴル幼稚園を視察に行く

**モンゴルの首都・ウランバートルに、
2018年9月に開園した「ヨコミネモンゴル幼稚園」。
ヨコミネ式、初の本格的な海外展開園だ。
8か月たった2019年5月、ヨコミネ式の創設者、
横峯吉文理事長らが視察に訪れた。**

TEXT by 編集部

上／横峯理事長が持っているのは、ヨコミネ式教材のモンゴル版。
右／ヨコミネモンゴル幼稚園。園児は2歳から6歳までの8クラス120人。

ソロバンに集中するモンゴルの園児たち。
日本の光景と変わらないのが不思議だ。

左／ピアニカでモンゴルの曲を演奏してくれた。
下／すでに逆立ち歩きができる子も。身体能力の高さに横峯理事長も感心した様子。

園長のオッノーさん。

子供は世界共通、日本もモンゴルも変わらない

「入園式では、子供たちが走り回っていて、平気で親を叩いていました」

と振り返るのは、開園時に指導に入ったヨコミネ式海外派遣指導員の大野めいか先生。

モンゴルの首都・ウランバートルは人口130万人の都会で、ヨコミネモンゴル幼稚園が立地するのは、その都心部。子供たちの親は、政府関係者や実業家など、富裕層ばかりだそうだ。

子供が子供なら、親も親。

「うちの子には、オーガニックだけ食べさせて」「食事は1日5回にしてよ」など、お金持ちのわがままに、めいか先生は頭を抱えました。

あれから8か月。各教室を回ると、日本のヨコミネ式の園と何ら変わらない自学自習の風景が。ソロバンをしている子供、計算ドリルをしている子供など集中して勉強している姿に横峯理事長をはじめ、めいか先生も感心した様子。

体育室では、園児たちが、逆立ち歩きやブリッジ歩き、跳び箱を披露してくれた。まだ完ぺきにできるわけではないが、現在、子供たちは急速に進化中だ。

「3歳・4歳・5歳は、すばらしい時期。この時期にヨコミネ式で1人で勉強する力、独学する力をつけてあげてください。そうなれば、モンゴル中がビックリする幼稚園になるはずです」

と、現地の先生たちに、横峯理事長は熱く指導する。日本もモンゴルも、子供は世界共通。子供の才能を伸ばすヨコミネ式はどこの国でも通用する教育法だ。ヨコミネ式に国境はない。

第4章

小学生のヨコミネ式勉強法

宿題よりも「読み・書き・計算」で基礎固め

学校の宿題をやっても成績は伸びない

幼児期が過ぎてしまって、「読み・書き・計算」をあまり練習しないまま、小学校に入学してしまったお子さんもいるかもしれません。

でも、あきらめないでください。まだ、十分に間に合います。

1日20分ずつ「読み・書き・計算」をそれぞれしていけば、必ず取り戻せます。基礎が大切ですから、五十音を覚え、数字を覚えることからスタートしましょう。

読み　20分
書き　20分

計算　20分

一つの教科に20分くらいであれば、子供は集中できます。ただし、今までまったくやってこなかった子がいきなり20分は難しいかもしれません。最初は、様子を見て、お母さんが15分、10分など、時間を調整してあげてください。まずは、学習内容よりも、机に向かって勉強することに慣れさせていくことからです。

毎日続けること。これだけは、守ってください。お正月も、ゴールデンウィークも、お盆も、クリスマスも、必ず続けます。

続けていくうちに慣れてきて、机に向かうことが苦ではなくなっていきます。途中で休んでしまうと、また苦を感じはじめます。子供に苦を感じさせないためには、毎日続けることが大切です。

「勉強させる」のではなく、「家で机に向かう習慣を身につけてもらう」と思っていたほうがいいでしょう。

小学校に入ると、宿題が出ると思いますが、宿題を一生懸命にやらせてみても、おそらく成績は上がっていかないと思います。宿題というのは、一人ひとりの子供の学力に合わせて出されているものではないからです。

勉強についていけなくなった子にとっては、宿題は「とても難しい課題」のはずです。反対に、勉強のできる子にとっては、宿題は「簡単すぎてつまらない課題」だと思います。これでは、子供のやる気のスイッチは入りませんし、子供の学ぶ力を伸ばすこともできません。

その子にとって、「ちょっとだけ難しい課題」を与えることがポイントです（スイッチ3）。

各園では、学童クラスに来る小学生たちに、学校で出された宿題を一生懸命にやらせていた時期がありました。

しかし、成績はいっこうに伸びていきませんでした。無理やり教え込むと、そのときは覚えても、すぐに忘れていってしまうのです。「やらされること」は、なかなか身につかないようです。

それよりも、子供のレベルに応じて課題を与えたほうが、着実に学力の基礎が身につきます。宿題にとらわれずに、また、学校のカリキュラムにとらわれずに、子供の学力に合ったちょうどよい課題を与えましょう。

「2年生でこれを習う」「3年生でこれを習う」というのは、大人が勝手に決めたことです。1年生の課題ができなければ、1年生の課題をやってください。

「ひらがな」が書けなければ、「ひらがな」から始めていきましょう。足し算ができなければ、足し算を確実にできるようにしていきましょう。焦ることはありません。基礎が固まれば、必ず追いつけます。

学校のカリキュラムや教材にとらわれることなく、お子さんの学力に合わせた取り組みをしていけば、「読み・書き・計算」の基礎学力は着実に高まっていきます。

小学校2年生でも数字の1、2、3から

拙著『ヨコミネ式天才児をつくる勉強のスイッチ』（日本文芸社）に登場してもらった、佐賀県の城崎理恵さんのお子さんは、小学校2年生（男の子）で、学校の勉強

ができず、算数の宿題もできませんでした。相談を受けた私は、幼児期の学習からやり直すことをすすめました。数字の1、2、3を書くことから始めるようにと。

城崎さんは「いくらなんでも、うちの子だって、数字くらいは書ける」と思ったそうです。私は、「絶対にできるレベルからやらないとダメなんですよ」と言って、数字を書くことからやってもらいました。

「勉強ができない」と思っている子には、まずは絶対にできることを与えて「僕はできる」と思い込ませることが大事なのです。

城崎さんは不安だったそうですが、幼児期のレベルからやり直しました。

数字の1、2、3が書けただけで、デカデカと花マルをつけて、子供をその気にさせていきました。男の子は、幼児期の教材を終えて、自信をつけて、どんどん伸びていきました。

算数が楽しくなって、ソロバンもやるようになり、スイッチが入ってしまったようです。小学校3年生のときには、なんと、ソロバン1級、暗算1級に合格したのです。城崎さんは「まさか、宿題ができなかったうちの子が1級なんて」と思ったそうです。

幼児期のことからやり直して、短期間に急激に伸びていった我が子を見て、城崎さんは「子供のことを本気で信じられるようになった」と言っています。

多くのお母さんたちは、「子供のことを信じている」と口では言っていても、本気で信じることができないでいるのだろうと思います。

でも、子供が伸びていき、実績が伴ってくると、本気で信じることができます。私は、何千人もの子を見てきて、「この子がこんなに伸びたのか」という子をたくさん見ていますので、本気で子供のことを信じることができます。

子供は絶対に伸びていきますから、小学校4年生だろうと、5年生だろうと、お子さんの学力が低ければ、幼児期のことからやり直してください。

「できないこと」をいつまでもやらせていたら、嫌になるだけで伸びていきません。子供のレベルに合わせることのほうが、子供の力が引き出されて、着実に伸びていきます。

子供のレベルにあった課題を与える

小学校1年生と6年生が一緒に勉強

私たちのこども園・保育園の学童クラスには、ヨコミネ式の保育園教育を受けて、ある程度、勉強習慣が身についた子が入ってきています。

ですから、参考にならならない面もあるかもしれませんが、私たちが、どういうやり方をしているかをご紹介します。

「教えない」「自主的に学ばせる」「スイッチを入れる」というヨコミネ式の基本は小学生対象でも変わりません。

学童クラスは、基本的に自学自習です。先生が何かを教えるというわけではありません。先生の仕事はただ一つ。

「その子のレベルにあった課題を与えること」

これだけです。

先生たちは、子供を見ながら、その子に合った課題を与えるようにしています。できる子には、高いレベルの「ちょっとだけ難しい課題」を与え、伸び悩んでいる子には、低いレベルの「ちょっとだけ難しい課題」を与えています。

ヨコミネ式スイッチ3の「ちょっとだけ難しい課題」を与えるという基本は、幼児も小学生も同じです。

学童クラスでは、みんなが自分のレベルに合った課題に取り組んでいます。読み書き計算の基礎学力づくりに取り組んでいる子、学校の教科書の学習をしている子、漢検合格を目指している子、数検合格を目指している子、英検合格を目指している子、中学受験を目指している子など、さまざまです。

一人ずつやることが違っていますから、学年を揃《そろ》える必要もありません。1年生から6年生まで一緒に学んでいます。ただし、まわりの子とあまりにもレベルの差がありすぎると、やる気をなくしてしまう子もいますので、一般クラスと特進クラスに分けています。

ソロバン1級、暗算1級に合格した子は、特進クラスに入れて、自学自習をしてもらいます。小学校1年生でも、ソロバン1級、暗算1級に合格すれば特進クラスに入ることができ、6年生のお兄ちゃん、お姉ちゃんと一緒に勉強をします。

伊崎田保育園の学童教室は60人くらいいますが、そのうち40人が特進クラスです。

学習ソフト「天神」と「速読」で自学自習

今は、学習ソフトが発達していますから、学習ソフトを使うと、子供のレベルに合った課題をソフトが与えてくれます。学童クラスの子供たちは、「天神」と「速読」というソフトを使って勉強しています。

伊崎田保育園の学童は、「天神」を、通山こども園の学童は、「速読」を使って自学自習しています。

自学自習が
小学生の勉強法

それぞれ自分の課題に向き合うこと。
自分で学ぶことが夢の実現につながる。

通山こども園の学童（特進クラス）。1年生から6年生まで自学自習する。

速読

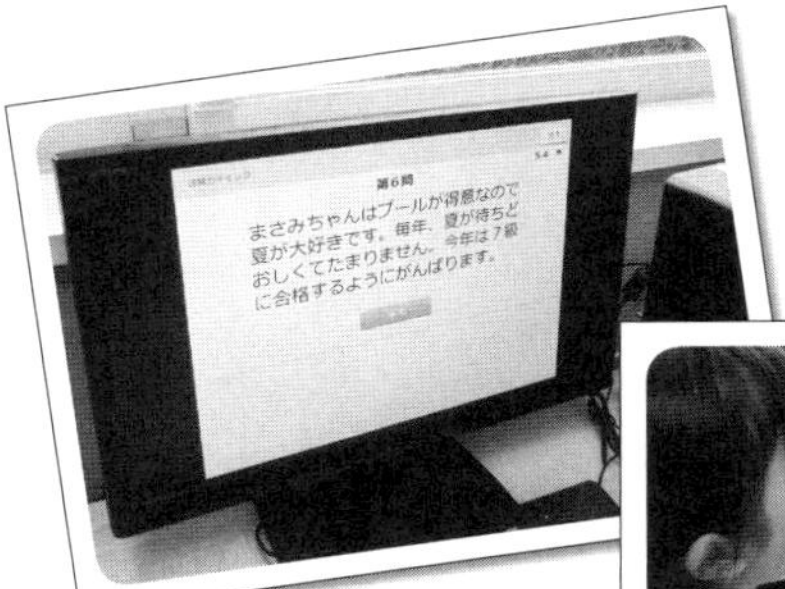

パソコンの画面上に、
パズルのような問題が
次々に出てくる。

「天神」は、小学校の教科書に沿った内容になっています。「天神」がその子のレベルに合わせて、今日やるべき課題を示してくれて、点数をつけてくれます。間違えたところは解説が出てきます。図形問題などは、とてもわかりやすく解説してくれます。

子供たちは、「天神」を使って自学自習で学んで、学力を伸ばしています。

ただし、「天神」をやっていいのは、「読み・書き・計算」の基礎学力がついた子、そして、自学自習の習慣が身についている子です。基礎学力がないと、「天神」を見ても、問題の内容を理解することすらできません。

また、自学自習の習慣がない子は、パソコンの前に座っていても、嫌になってやらなくなってしまいます。

多くの子は、保育園時代からずっとヨコミネ式で育ってきています。学習習慣と集中力がついていますから、パソコンの前に座らせると、勝手に勉強します。ゲームでもやるかのように、楽しそうに学んでいます。

一方、「速読」は、文章を早く読んで答えたり、パズルのような問題を素早く解いたりするソフトです。こちらは、パズルゲームのようなソフトですから、子供たちは喜んでやっています。文章が出されて、何秒で読めるかがテストされたり、文章が瞬間的に表示されて、それに基づいた問題が出されたりします。

たとえば、「学校に○○を置き忘れた」というような文章（実際には、もっと長々とした文章）が出されて、「学校に忘れてきた物は何ですか？」という設問に答えたりします。

あっという間に文章が消えるので、私なんか、何が書いてあったのかまったくわかりませんが、子供たちは一瞬表示された文章を読み取り、問題に答えていきます。次々と問題に答えて、それが全部合っているので、子供の能力には驚きます。

「どのお皿にどの果物がのっていたか」というようなパズルのような問題も、子供たちはパソコンのマウスを使って、次から次へと正解していきます。絵を見た瞬間に記憶できてしまうようです。

子供たちはちょっと慣れると、すぐにできるようになっていきます。文章を見た瞬間に内容まで覚えることができ、絵を見た瞬間に写真のように脳の中に記憶できてしまうようです。

速読の能力は、才能ではなく、訓練で誰でも身についていくようです。どの子もみんなできるようになります。

子供たちは、マンガの本1冊読むのにも、5分くらいで読み終えます。「えっ、もう読んだの。どういう内容だった?」と聞くと、きちんと内容を答えられます。

自学自習の習慣がつけば、子供は自分で学ぶ

「天神」も「速読」も、子供のレベルに合わせて、問題が出てきます。

学習用のソフトウェアが非常に発達していますから、ソフトウェアを使えば、大人がまったく教える必要がないくらいです。知識を教えるだけなら、大人が教えるよりも、子供が自分でネットで調べたほうが確実です。

子供たちは、スマホを使って調べる能力を持っています。知識だけを教える大人は、これからは必要なくなってしまいます。

親や先生のやることは、自学自習の習慣をつけてあげること、そのスイッチを入れ

てあげることです。スイッチが入り、自学自習の習慣が身につけば、親も先生も何もしなくても、パソコンやスマホを使って子供は自分で勉強していけます。

紀平梨花さんの高校は、N高等学校というインターネットで学ぶ高校です。

紀平さんは小さい頃から頭が良かったと聞いていますし、広田幼稚園で自学自習の習慣を身につけていますから、自分できちんと学べるのだろうと思います。

N高等学校は、生徒数が1万人を超えています。自学自習の習慣さえ身につけておけば、どこにいても、勉強ができます。海外の大学は、インターネットで講座を配信しています。

インターネットは世界とつながっていますから、英語ができれば、どんなことでも自学自習できます。「教えられて学ぶ」のではなく、「自分で学ぶ」能力が、ますます求められている時代です。

大人が教えようとすると、子供は「押しつけられた」と思って、勉強が嫌になってしまいます。教えずに、自分で学ぶ能力を身につけさせてあげれば、子供自身が好きなように学んでいきます。

「掃除」「弁当作り」「靴洗い」もよい習慣

友達のシューズまで洗いたがる子もいる

学童クラスのスケジュールは、午後4時から7時半までですが、早い子は3時半くらいに来ます。学校から家に帰らずに直接学童に来ます。先生たちは、「おかえり」と言って迎えます。

学年によって、学校が終わる時間が違いますから、学童クラスのスタート時間はバラバラです。早く来た子は、学校の宿題や、昨日のやり直しのところなどを勉強します。

7時半まで勉強していますから、おなかがすきます。おにぎりを用意しておいて、子供たちは、おにぎりを食べたりしながら、勉強しています。学童保育は1か月40

00円ですが、ほぼすべておやつ代、おにぎり代です。

4時からはタイムを計って、一斉に暗算やソロバンをします。それぞれ、自分の目指している級の問題をやるのです。

伊崎田保育園の学童教室は、6時から30分間を学校の宿題の時間に充てています。親御さんは、宿題を終わらせて家に帰ってきてほしいと思っていますから、宿題の時間を設けています。

私は、子供たちによい習慣をつけてあげたいと思っていますから、「掃除《そうじ》」には力を入れています。

女の子はほうきで掃除をし、男の子は、ぞう巾《きん》がけをします。ぞう巾《きん》がけといっても、あの子たちにとってはゲームのようなものです。

男の子たちは、「レッツゴー」と声を掛け合って、長い廊下をダッシュでぞう巾がけしています。掃除をしているのか、「ぞう巾ダッシュ」のゲームをしているのかわからないような状態です(笑)。それでも毎日やっていると、ぞう巾がけが上手になります。

また、お弁当作りもしてもらいます。

「母ちゃんは働いていて忙しいんだから、土曜日の弁当くらいは自分で作れ」

と言ったら、弁当を作って持ってくるようになりました。小学生のレベルとは思えないような立派な弁当を作ってくる子もいます。


自分たちで靴も洗わせています。

「小学生にもなって、シューズも洗えんのか。シューズくらい自分で洗え」

と言ったら、洗うようになりました。

最初は、洗剤をまき散らして、遊んでばかりで、もうメチャメチャでした。

でも、半年くらいで、お母さんよりもきれいにシューズを洗えるようになりました。

友達のシューズが汚れていると、気になるのか、友達のシューズまで洗いたがる子もいます（笑）。

掃除も
大事なよい習慣

毎日、繰り返さないと、
子供によい習慣は身につかない。

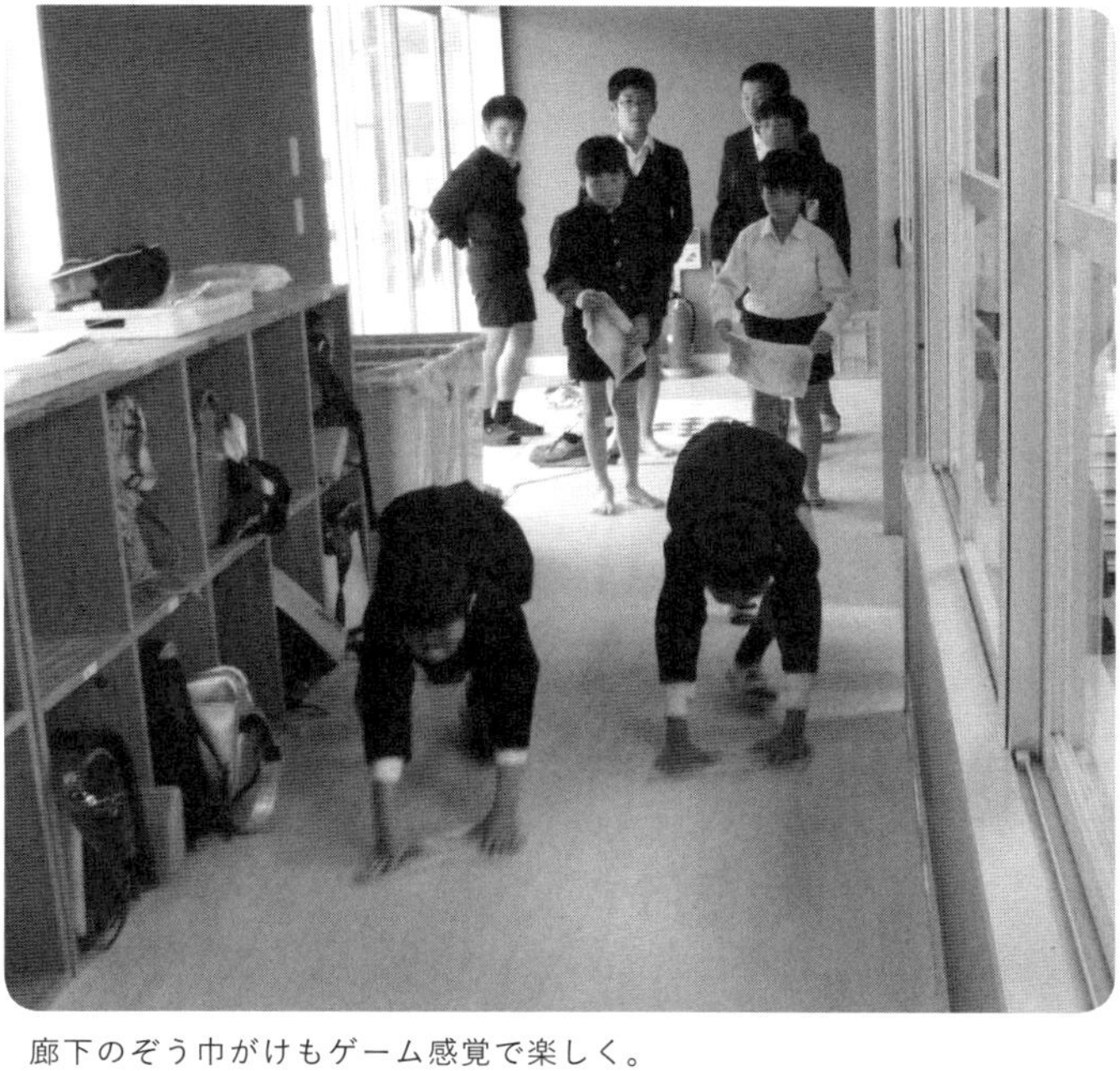

廊下のぞう巾がけもゲーム感覚で楽しく。

順番づけは、やる気にさせる仕掛け

ヨコミネ式は「子供から学ぶ」学習法

学童クラスの指導に大学生の男の先生が入りました。山野だいご先生といいます。彼は、子供たちが同じ漢字を1日100回ずつ書いているのを見て、「やりたくなさそうだ」と感じたそうです。

山野先生は、同じ漢字は1字10個までに制限し、それ以上は書かせないようにしました。翌日に、前日の復習として、10個書いてもらいます。1日合計20個（今日の漢字10個、昨日の漢字10個）です。

このように、量を減らしたところ、子供たちのやる気がまったく違ってきました。100個だと嫌々やりますが、10個だと嫌がらずにやるのです。10個なら、小学校1

年生でも集中できることを発見したそうです。

ヨコミネ式は、「子供から学ぶ」学習法です。山野先生は、子供から学んで、量を調整して、子供たちのやる気を高めました。

1日にたくさんやることよりも、子供たちのやる気のスイッチが切れないようにすることのほうが大事です。毎日続けるためには、量を減らすことはとても重要です。

お子さんによって違うと思いますが、100個は多すぎますから、20個にしたり、10個にしたりする。それもムリなら3つでもいいのです。

同じ文字を100個書いたほうが、練習になるような気がするかもしれませんが、単に手を動かしているだけでは、頭に入りません。ヨコミネ式で育った子供たちは耐える能力はありますので、100個でも200個でも書くことはできます。

しかし、嫌々ノルマをこなすだけでは、意味がありません。集中して覚えようとしながら10個書くほうが頭に残ります。それを山野先生は発見しました。

山野先生は、国語も見ていますが、数学が得意です。その影響でみんなが数学（中学の数学まで）好きになってきました。

子供のことをよく観察して、一人ひとりの子に丁寧にかかわっています。その子のレベルに合わせて、言葉を換えながら、全部手書きで解説を書いてあげています。

子供たちは数学がわかるようになって、面白くなってしまったようです。英検の試験と数検の試験日が重なるときは、「数検を受けたい」と言い出して、数検を受けるようになりました。数検は、5人以上集まらないと準会場として認められず、受けることができません。

子供たちは、自分たちで5人集めてきて、数検を受けています。完全にスイッチが入ってしまったようです。その子のレベルに合わせて、一人ひとりに丁寧にかかわっていると、子供は驚くほど伸びていきます。

悪ガキグループが勉強でクラス上位を独占

学童教室では、テストの成績順位を貼り出しています。

「成績を貼り出すとかわいそう」と思うかもしれませんが、下位にいる子が頑張れば上位にいける「仕掛け」を考えるのが大人の知恵の出しどころです。

私は悪知恵が働きますので、下位の子を呼び出して、「ちょっと、これ解いてみて」と言ってやらせます。翌日に試験に出す問題と同じ問題です。

その子は、何も知らずに問題を解きます。間違っていたところは、答え合わせをして、答えを知ります。

翌日、試験問題が配られると、昨日やった問題と同じ問題が出ています。スラスラ解けて、いい成績を取ります。

順位が貼り出されると、その子の名前は、上位にあります。「頑張れば、上に行ける」と思って、その子はもっと頑張ります。成績上位にいた子は、ランクが下がるので、「もっと頑張らなきゃ」と思います。

成績が上位の子には、呼び出して「ちょっと解いてみて」と言って、翌日に試験に出す問題とまったく違う問題をやらせます。頭のいい子は、「明日、これと同じ問題が出るんじゃないか」と予測しますが、翌日にはまったく違う問題が出されます。成績が上位にいる子は、油断させないようにしないといけません（笑）。

小学生の場合、順位はけっこう変わっていきます。できる子がいても、その子を追い抜いていく子がいるものです。

一般的に、男の子より女の子のほうが成長が早いので、初めは女の子が成績上位にいるのですが、やがて男の子たちが追い抜いていきます。保育園から学童まで長期間預かっていると、はっきりとわかります。

保育園のときには、手がつけられないような悪ガキだった男の子たちが（笑）、小学校3年生、4年生くらいになって、スイッチが入ると、勉強がどんどんできるようになっていき、保育園時代からずっと優等生だった女の子をはるかに追い越して、国語も算数もすべてクラスの1番になったりします。

悪ガキグループの1人が1番を取ると、「俺も」「俺も」となって、悪ガキグループの全員が勉強でクラスの上位を独占してしまうこともあります。

順位づけは、子供たちのやる気を高めるための仕掛けの一つです。順位が大事なのではなく、それを使って、どうやってスイッチを入れていくかを考えるのが、大人の仕事です。

英語はたくさん歌わせて楽しく

英語を教えて2年で準2級レベルに

通山こども園の学童クラスでは、英語にも力を入れています。英語の勉強は、たくさん歌を歌わせて、楽しく勉強してもらっています。

英語の指導をしているのは、私の孫の大野めいかです。めいかは、ネイティブとまったく同じ発音をします。

なぜかというと、0歳の頃から、英語の歌をたくさん聴かせていたからです。住んでいる志布志市は田舎なので、移動はすべて車です。0歳の頃から、母ちゃん（私の娘）が車を運転しながら、めいかに英語の歌をたくさん聴かせました。3歳くらいまでの子は、耳がいいですから、完ぺきにコピーします。

こうやって、英語の歌を聴かせ続けていたら、自然に英語を聞き取れるようになり、きれいな英語を話せるようになっていました。

学童の英語クラスでめいか先生は、子供たちと遊びながら、英語を学ばせています。子供たちは楽しいので、どんどん英語を覚えていきました。

英語の実力を試すものは英検くらいしかありませんので、英検を受けさせていますが、4級、3級はすぐに受かってしまいます。

英語クラスの内容は、歌と作文とゲームが中心です。

教材を全く使わないので、私が、

「テキトーにやっているのか（笑）」

と言うと、

「テキトーじゃない」

と怒っています。私は、テキトーのほうがいいと思っていますが、結果がどんどん出ているので、驚いています。

英語を教え始めて2年しか経っていませんが、子供たちは、もう3級レベルです。

英語の時間は1日1時間だけですが、1日1時間ずつで、ここまで伸びるのかと思うほどです。

目標としては、全員に小学校6年までに3級を取ってもらって、中学に上げようと思っています。

学童の英語は午後6時スタート。

最初はみんなで歌を歌います。英語の歌なのに、子供たちはとても上手です。小学生は、子供っぽい歌は、歌いたがりません。外国で若者に流行《はや》っている歌が好きです。5個から10個くらい歌の選択肢を示して、全部の歌を聴かせて、多数決で歌を決めます。子供たちはテンポのよい曲を好みます。

歌詞の意味は、辞書やパソコンで調べさせたりしています。歌から入ると、楽しいですし、「どんな意味なんだろう?」と興味がわくので、自分でどんどん調べるようになりました。

ただし、「小学生にはNG」というような歌詞ばかり。私はよくわかりませんが、ブルーノ・マーズという歌手の歌だそうです。「あの女は、俺の金を全部取って逃げやがった。警察に突きだしてやる」というような歌詞もあるとのこと。

子供たちは勝手に調べてしまって、教えてもいないのに、ブルーノ・マーズの『Money《マネー》 Make《メイク》 Her《ハー》 Smile《スマイル》』という、「お金が彼女の笑顔をつくる」という歌を歌っているそうです。自分で探してきた歌ですから、毎日、何度も口ずさんでいます。興味があるものを自分で探してきて、繰り返し歌っていますから、英語の力が非常に伸びてしまいました。「楽しいことをやるから伸びる」というのは、まさにヨコミネ式のやり方です。

2年間、こうしたやり方で育った子供たちは、英語の歌を2~3回聴くと、もう英語で口ずさむことができて、10回聴けば、ほぼ完ぺきに歌えるそうです。

お行儀のいい言葉に子供は興味を持たない

めいか先生がいつも怒っているのは、英検の面接です。

面接官は、決まった質問しかしません。

英語の歌で ネイティブ英語を習得

多数決で歌いたい歌を決める。
英語の学習に音楽は最適だ。

上／英語の指導をする大野めいか先生。右／みんなで楽しく英語の歌を歌うと、ネイティブの発音が身につく。

英単語のカルタバトルは大盛り上がり。

たとえば、「週末は何をしたいですか？」という質問をします。模範解答は、「図書館に行きたいです」といったものです。

こんなことを勉強して「楽しい」と思える子供はいません。大人の都合で、楽しくないことを子供に押しつけているのです。だから、英語力がまったく伸びない。

子供たちが話したい英語は、もっと楽しいことです。めいか先生は、毎日、「書きたい文章を2つ書きなさい」と言って、好きな文章を書かせて、一人ずつ添削しますが、

「めいか先生は、ゴリラに似ています」

「めいか先生は、私の車を投げます」

といったものを子供たちは書きます。教える側は大変です（笑）。

日本の教育は閉鎖的で自分の意見を述べたり、表現したりすることが苦手です。

しかし、こういうことから子供は興味を持って、勉強を始めます。お行儀のいい言葉だけで子供に興味を持たせようと思っても、無理な話です。

興味のあることは、自分で辞書で調べて、どんどん覚えていきます。

「図書館に行きたい」というような文章を無理やり覚えさせても、子供のスイッチは入りません。

スペルは教えていませんが、見ているうちに子供は覚えてしまって、下手だけどアルファベットは全部書けるようになりました。

学校の英語教育は、アルファベットのAから順番に書かせるやり方ですが、うちの英語クラスは子供が嫌がることは一切やらせません。

楽しいことだけをやらせていたら、英語力がどんどん伸びていきました。

英語クラスを始めたばかりの頃は、子供たちは、日本語の文章を作ってからでないと英語の文章を書けなかったようですが、そのうちに「英語なんて、カンタン」と思い始めて、今は、日本語を挟《はさ》まずに、最初から英語で文章を作るそうです。

ヨコミネ式英語教育は子供とともに発展中

1年生から6年生まで真剣勝負の英語カルタ

子供たちに大人気なのは、英語カルタです。

英単語を書いたカードをランダムに並べます。めいか先生が英語で文章を言って、その中に含まれている単語のカードを取ります。

たとえば、「want《ウォント》」という単語カードを取らせるために、めいか先生が「I《アイ》 want《ウォント》 to《トゥー》 play《プレイ》 soccer《サッカー》 tonight《トゥナイト》」と言うと、子供たちは、「want」のカードを取りに行きます。取ったカードの意味を言わないとカードはもらえません。「欲しい」とか「何々したい」と言うとカードをもらえます。

みんな真剣です。体ごと飛び込んで、遠くのカードを取りに行きます。

お手つきはダメ。「ひっくり返して（Turn it over《ターンイットオーバー》）」と言って、カードをひっくり返させて、次にカードを取った人が、ひっくり返したカードを全部もらえます。

2人同時に触ったときは、じゃんけんです。

英語のクラスは1年生から6年生までいますから、6年生のお兄ちゃん、お姉ちゃんたちが1年生の面倒を見ています。

英語力の高い6年生の男の子には、めいか先生は、英語カルタを下請けに出しています。低学年の子3人くらいに、6年生の子が英語を読んで、低学年の子たちがカードを取ります。

6年生の子は、「お手つきさせたい」と思っていますから、ニヤニヤしながら、わざと変なことを言ったりしています。

子供たちの笑い声があふれて、メチャメチャ楽しそうです。このように、低学年の子も、6年生の子も、一緒に英語力を高めています。

「英語はカンタン」とわかると、急激に英語力がつく

子供たちが、「もっと英語をやりたい」と言いだし、しかも、英検5級、4級、3級と受かっていくので、お母さんたちもびっくりしています。

自分が話したい単語を調べていますから、3級の単語レベルをはるかに超えた言葉を使う子もいます。めいか先生も見たことのない単語です。「えっ、こんな単語知らない。どこで覚えたの？」と言うと、子供は喜ぶそうです。

「先生の知らないことを自分が知っている」というのは、子供にとって楽しいことの一つです。こういう楽しみは、学校の英語教育ではまずありません。

教室の中にいるだけでは、言葉は覚えられませんので、キャンプに連れていき、キャンプの中で、子供たちは、自分で調べながら、木や花などの名前を覚えてもらったりします。

子供たちとバーベキューをするときには、買い物に一緒に行って、買い物用の英語を教えています。めいか先生が「卵は1人1パックまでは安く買えるから、1人ずつ

買おうね」「レジまわりでは、みんな知らないふりしてね」と英語で言うと、子供たちはそれを理解して、友達としゃべらずに1人ずつ卵を買います。

買ってきた食材を使って、肉や野菜の名前を覚えたり、料理の言葉を覚えたりします。体験とともに英語を覚えることで、より英語が身近になっていきます。

こうやって、楽しく英語に触れていたら、子供たちにスイッチが入り、英語力がどんどん上がっていきました。

めいか先生は「英語なんて、めっちゃシンプルなのに、日本では難しそうに教えるからダメ」と言っています。子供たちは、「英語は、こんなにカンタンなんだ」とわかると、急激に英語力を伸ばしていきます。

英語の取り組みは始めたばかりです。子供たちは、聞き取りはほぼ完ぺきにできますが、話すときは日本語になってしまうのでその克服が課題です。どうしたらもっと楽しく話せるようになるのか。めいか先生をはじめとして、現場の先生たちが、これから見つけていくことになるでしょう。

ヨコミネ式英語教育は、子供とともに、発展途上です。

第5章

ヨコミネ式
子育て
Q&A

Q1

保育園選びのポイントがあれば、教えてください。

A

小学校に入ってから困らないように、イスに座る習慣と、ある程度の学力をつけさせてくれる保育園がいいと思います。

保育園には、それぞれ特色があります。自然に触れ合うことを大切にしている保育園もあります。
一般的に、どの保育園でも、2歳までの子供のお世話は、とても上手です。お母さんよりも、上手なくらいです（笑）。

沐浴《もくよく》もさせますし、毎日体温も測ります。子供の成長に関するいろいろなことを毎日記録していきます。それらの高度なノウハウを持った保育士さんたちがたくさんいます。衛生面も、栄養面もきちんとしています。

保育園に行けば、小さいときにかかっておいたほうがいい病気は、しっかりとかかって帰ってきます（笑）。

しかし、3歳を過ぎても、フローリングで遊ばせてばかりの保育園だと、育つものも育たなくなってきます。3歳を過ぎたら、あと数年で小学校に入ることを意識して、イスに座らせて、学習する習慣を身につけさせてくれる保育園がいいと思います。

小学校1年生でつまずいてしまう「小1プロブレム」を防ぐためにも、基本的な生活習慣・学習習慣を身につけ、簡単な文字の読み・書きや計算力をつけてくれる園をおすすめします。

お母さんが考えなければいけないことは、子供の将来です。小学校は文字を使って勉強するところですから、1年生の最初の時点で学校が嫌いにならないように、準備をさせてくれる保育園をおすすめします。

Q2
本を読むのが嫌いな子は、どうしたらいいでしょうか?

A

お子さんにとって、本のレベルが高すぎるのではないでしょうか。文字数の少ない、簡単な本を選んでください。

まず確認していただきたいのは、お子さんの現在のレベルです。文字をきちんと読むことができますか? 文字を確実に読めない子にとっては、本を読むことは、とても難しい課題です。本を読ませる前に、文字をきちんと覚えてもらうことから始めましょう。

文字を読める子の場合は、簡単な本を与えましょう。簡単な本とは、文字数も、ページ数も少ない本です。

1ページ目に「こ ん に ち は」

2ページ目に「さ よ う な ら」

それでおしまい。こういう本を与えていきましょう。声に出して5回読めるようになったら、おやつなどのごほうびをあげてもいいと思います。ごほうびをあげるのも一つの方法です。

「読ませたい本」を与えてしまう人がいますが、お子さんがどんなことに興味を持っているのかも考えてみてください。車が好きな子、昆虫が好きな子、お菓子が好きな子など、いろいろなタイプの子がいます。

最初は、どんな本でもいいのです。お子さんが興味の持てる本で、お子さんのレベルに合った本を選ぶようにしてください。

読み終わった本は、必ず記録をつけておきましょう。日付と書名を書いて、花マルをつけてあげましょう。「お母さんから認めてもらった」という喜びにもつながりますし、お子さんの成長記録にもなるはずです。

Q3 ヨコミネ式で落ちこぼれる子供はいないのでしょうか？

A

落ちこぼれる子も、できない子も伸び悩む子もいません。だけど時間のかかる子はいます。時間をかければ、必ず伸びていきます。

子供のなかには、すぐに伸びる子もいますが、時間のかかる子もいます。私たちの保育園では、時間のかかる子は、卒園後も学童（小学生向けの学童保育のクラス）に来てもらって、引き続き取り組んでもらっています。長期間にわたって毎日続けると、必ず伸びていきます。

4歳のときから毎日マンツーマンで先生をつけて、4年間かかって、ようやく文字を確実に覚えることができ、本を読めるようになった女の子もいました。まわりの子から3年遅れて、小学校2年生のときに、ようやくスラスラと本を読めるようになったのです。

でも、その子は、大きく成長していきました。5年生のときの鹿児島県内一斉テストで、学校内でその子だけが国語で100点をとったのです。

私たちの園には、自閉症といわれている子が何人もいましたが、みんな伸びていきました。自閉症といわれている子は、人間関係のスイッチは入りにくいのですが、学習面のスイッチは入りやすい子が多く、ひらがな、カタカナはすぐに覚えます。小学校で習う漢字もどんどん覚え、数字の計算が得意な子も多いようです。

自閉症といわれている子のなかには、能力の高い子が多いと感じています。ダメな子なんて一人もいません。でも、時間のかかる子はいます。1年でうまくいかなければ2年。2年でうまくいかなければ3年。

じっくりと取り組んでいけば、どの子も必ず伸びていきます。

Q4

ヨコミネ式の運動は家庭でもできますか？

A

壁逆立ちくらいならできるのではないでしょうか。でも、ムリにやらせないこと。お子さん自身が進んで始めると、自然にできるようになります。

幼児期は、運動神経の回路を作るために、とても大事な時期です。公園などでダッシュをしたりジャンプをしたり、いろいろなタイプの運動をさせてあげてください。

家の中でも、タンスに向かっての「壁逆立ち」なら、できるのではないかと思います。ただし、やらせようとするのはダメ。お子さん自身が遊びを発展させていく形にしましょう。

まずは、ヨコミネ式をユーチューブで検索してみてください。お子さんが食い入るように見ていたら、やりたくなっているのです。安全だけは確保して、あとは好き勝手にやらせてあげてください。

子供は真似をするのが得意ですから、何度もユーチューブを見ながら自分で上手になっていきます。好きなことは子供は進んでやります。

ただし、好きになりすぎるのも困りもので、うちの園の子は、デパートでもタンスや戸棚を見ると壁逆立ちをやってしまうので、お母さんたちが困っています（笑）。また、広いところへ行って、床にラインが引いてあると、スイッチが入ってしまうのか、条件反射のように側転します。

よその人にぶつかってケガをさせてしまうといけませんから、先生たちが、「お店ではやめようね」と指導しています。子供はやりたくてやりたくて仕方がないのです。

お子さんの好きそうな運動を見極めて、楽しくやらせてあげましょう。

Q5

ほめて育てることについて、どう思いますか？

A

男の子の場合は、調子に乗って天狗《てんぐ》になってしまうことがありますよ。「ここぞ」というとき以外は、ほめないほうがいいと思います。

私は、子供を頻繁《ひんぱん》にほめないほうがいいと考えています。「ほめ殺し」という言葉があるように、ほめることが必ずしも相手のためにならない場合があるからです。

私も男ですからよくわかるのですが、男の子は、ほめられるとつい有頂《うちょう》天《てん》になります。私も含めて男って、本当に単純な生き物なんです（笑）。男の子の場合は、ほめられ続けると、有頂天になって、天狗《てんぐ》になったりする場合がけっこうあります。

男の子は、しょっちゅうほめるのではなく、「ここぞ」というときにだけ、ほめてあげましょう。

常にほめられていると、ほめられることに慣れてきて、うれしくなくなってきます。私はよく、園児のお母さんたちに「ほめるのは、盆と正月だけ」とアドバイスしています。

たまにほめられたほうが、ほめられたときのうれしさが倍増すると思います。

これまでの経験から、私は「ほめる」ことよりも、子供を「認めてあげる」ことのほうが効果があると感じています。跳び箱10段を跳べたときも、「すごいなあ」「よくやった」とほめるより、「よし！」「ＯＫ！」と言ってあげたほうが、子供は喜びます。

10段で満足しないで、次は11段を目指そうという気になってくれます。

Q6

ワガママな子供を家庭で叱ってもいいですか?

A

ワガママなことを言っていたら、親が子供を叱《しか》るのは当たり前です。必要なときには、厳しく叱ってあげてください。

「ヨコミネ式は、叱りもしない、ほめもしない」というのは、「学習」のときです。ヨコミネ式の保育園は、学びの場ですから、叱りもしないし、ほめもしないで、進んでいろいろなことを学びたくなるように、たくさんの「仕掛け」を作っています。

しかし、ご家庭で叱ってはいけない、などと私は考えていません。子供はいたずらもしますし、悪いことをすることもあります。ワガママを言って、親の言うことを聞かない場合もあるでしょう。そのようなときに、ビシッと叱ることができなければ、子育てはできないのではないでしょうか。

大切なのはお子さんの将来です。自己中心的な考え方が身についてしまうと、生涯にわたって影響が出てきます。たとえ恨《うら》まれたとしても、甘やかさないで、厳しく叱ってあげることも親の愛情ではないかと思います。

「子供が傷つく」という人もいますが、子供の心は、それほどヤワにはできていません。多少は傷つくかもしれませんが、それを乗り越えて成長していきます。

親が、愛情をもって厳しく叱ったわけですから、子供の心が傷つく心配をする必要はありません。

大人になったときに、「親の言っていた、あのことは、こういうことだったんだ」と、初めてその意味がわかるだろうと思います。叱るべきときには、ビシッと叱っておくべきです。

Q7

3歳の子が「できない」と言って泣き出します。どうしたらいい？

A

できる課題を与えていますか。できる課題を与えているのに「できない」と言うのであれば、甘えです。甘えを取ってあげましょう。

子供は、課題のレベルが高すぎるとやってくれません。確実にできる課題から与えていきましょう。できることをやらせて、「僕は、できる」「私は、できる」と思わせ、自信をつけさせることが大事です。

たとえば、靴を履《は》くといった、3歳の子ならできることを「できない」といって泣き出すのだとしたら、それは「甘え」から来る、べそかきです。「甘え」を取ってあげましょう。

大人が反応すると、子供はますます甘えてきます。手を貸したりしないで、泣こうがわめこうが、放っておきましょう。

靴が半分しか履けなくても、「半分でいいから、さあいくよ」と言って、お母さんはサッサと出かけてしまいましょう。

裸足で玄関を歩いたってケガをするようなことはないでしょうから、気にしないで出かけるふりをしましょう。靴が左右逆にしか履けなくたって、気にするほどのことではありません。本人が不快な思いをするだけです。

もちろん、玄関はきちんと掃除をしておいてください。一番いいのは、玄関の掃除も自分でやってもらうことかもしれません。ゴミを拾ったり靴をそろえたりするくらいなら、3歳の子でもできると思います。

3歳児なら、靴が履けない程度のことは、自分で解決していく力を持っています。このくらいの簡単な試練は、親が手を出さずに、自分で乗り越えさせてはどうでしょうか。自分で乗り越える経験が子供を成長させます。

Q8

6歳の男の子が暴力的で困っています。叱っても言うことを聞きません。

A

肝にこたえるくらい、厳しく叱りましょう。「お母さんは本気で怒ると、ものすごく怖い」と思わせてください。

6歳で親の言うことを聞かなければ、今後もずっと聞かなくなる可能性があります。まだ間に合いますから、言ってもわからないのであれば、ここぞというときにはガツンと叱りましょう。

6歳くらいになると、親をなめ始める子もいます。肝にこたえるくらいの厳しい叱り方をしてください。「いつもはやさしいけど、本気で怒ると、お母さんはものすごく怖い」とわかれば、態度がピシッとしてくるはずです。

男の子は、成長とともにますます手に負えなくなります。子供が大人の言うことを聞かないなんて、昔ならあり得ないことです。

お母さんが鬼になって厳しく叱りましょう。お父さんにも鬼になってもらって、厳しい態度で協力してもらってください。

私は、以前にサルを飼っていたことがあります。とてもかわいいサルでした。でも、買ってきた日にそのサルを押さえつけて、私がサルに思いっきりかみついてやりました（笑）。そうしたら、それ以降、サルは私をボスだと思うようになって、すっかり従うようになりました。

人間も同じです。小さいうちに、親の言うことを聞くようにさせておいてください。最近は、親子が友達のような関係になる家庭がありますが、それだと、暴力的な子には対応できなくなる可能性があります。

「親が上、子供が下」という上下関係をはっきりと示しておくこと。子供の将来のためにも、今、しっかりとしつけをしておくことが親の愛情です。

Q9

ゲームを始めると、やめてくれません。怒るのにも疲れました。

A

逆手にとって、ゲームを「ごほうび」にして、片づけやお手伝いなどをする生活習慣を身につけさせてしまいましょう。

高いお金を出してゲームを買ったのですから、元を取るくらいには遊ばせてあげましょう。ただし、時間は、大人が管理をしてください。時間がきたら、きっちりとやめさせます。取り上げてもいいと思います。

子供の「ゲーム好き」を逆手にとって、ゲームを「ごほうび」に使うのもいいと思いますよ。

「30分ゲームをしてもいい、でも、その前に玄関の掃除をしなさい」

と言ってみてください。子供はゲームがしたくて仕方がありませんから、玄関の掃除をします。掃除が終わったら、ゲームをやらせてあげてください。

もし、きれいに掃除できていたら、

「きれいにできたね。じゃあ、今日は35分ゲームをしてもいい」

と、ゲームをごほうびとして使ってみるのはどうでしょうか。

「10分間で、机の上をきれいに片づけたら、30分ゲームで遊んでいい」といった形で、片づけの習慣を身につけさせるのもいいかもしれません。

ゲームで遊びたい一心で、子供は10分以内に一生懸命に片づけをするのではないかと思います。ストップウォッチで時間を計ってあげれば、10分以内にやる、ということがゲームのように感じられるかもしれません。

同じことをいつまでもダラダラとさせておくと、それが身についてしまいます。中学・高校生になってからも、ダラダラぐせは抜けないはずです。時間を区切って、ダラダラしない習慣を身につけさせてあげましょう。

Q10

夜更かしが習慣になっていて、朝、なかなか起きてくれません。

A

できるだけ早く、早寝早起きの習慣を身につけさせてあげましょう。朝起きられないことがきっかけで、学校に行きたくなくなるかもしれません。

夜更かしの習慣は絶対にダメ。夜更かしをする子は、朝早く起きることができなくなります。いったん身についてしまった夜更かしの習慣をとるには、時間がかかると思いますが、焦《あせ》らずに習慣を変えていってあげてください。

朝、ギリギリの時間まで寝ていると、時間がないのでご飯も食べずに、学校に行くようになります。眠い状態で、食事もとらずに学校に行きますから、脳が十分に働いていない状態で授業を受けることになり、「授業がよくわからない」といったことも起こります。

ちょっとしたつまずきから、不登校が始まっていきます。

そのようなことにならないためにも、夜更かしをさせず、夜8時には寝かせて、朝早く起きることができる習慣を身につけさせてあげてください。

朝、なかなか起きなければ、冷蔵庫から氷を3つくらい持ってきて、パジャマの中に入れてやりましょう。ビックリして飛び起きますよ（笑）。

そのくらいのことをして、面白おかしくやっていかないと、お母さんのほうが子育てに行き詰まってしまいます。

お母さんが行き詰まってしまうと、子供にも影響してしまいます。思い詰めないで、なるべく楽しく子育てをしていくことを考えてください。

夜早く寝られるようにするために、昼間にたくさん運動させることも一つの方法です。疲れてしまって、早く寝られるようになります。夕食を食べずに寝てしまってもいいと思います。おなかがすいて、朝自然に目が覚めます。

おわりに

ヨコミネ式で育った子供は、その後、どうなったのかとよく聞かれます。少しだけご紹介します。

ヨコミネ式の導入園出身者で有名なのは、兵庫県・広田幼稚園出身の紀平梨花さん。ご存じのように、フィギュアスケート選手として大活躍しています。

鹿児島県にある直営園の伊崎田保育園出身の吉村海里《かいり》くんは、全国制覇したこともある鹿屋中央高校のレスリング部で活躍し、国士舘大学レスリング部に入りました。

たちばな保育園出身の安川元気《げんき》くんは、陸上で頑張り、箱根駅伝にもよく出ている目標とする職業があり、勉学と運動を頑張っています。

東洋大学に入りました。

勉強のできる子の中には、鹿児島県の私立中学ではなく、親御さんの転勤をきっかけに東京の御三家の私立中学に合格する子も出てきました。その後どうなっていくのかは現時点ではまだわかりませんが、私としては、東大・京大といった学歴よりも、生涯にわたって自分の好きなことを学んでいける力を身につけてほしいと願っています。どんな道に進んでも、みんなきっと夢を実現できると私は信じています。

２０１８年９月からは、東京の世田谷区桜新町でヨコミネ式の小規模幼稚園「ヨコミネ式キッズアカデミー」を始めました。東京は、さすがというか、開園９か月でも う結果が出てきています。

東京の子供たちの何がすごいのかというと、その意欲です。「土日はなんで休みなの？」と言い出して、土日も幼稚園に来たがります。教材を家に持って帰ってもらったら、自宅での学習習慣が定着してしまいました。

全国にヨコミネ式導入園は４００園以上あります。全国のどの地域の子供たちも、みんなすばらしい能力を持っているという実感がますます強まっています。

時間のかかる子はいます。でも、できない子はいません。どうか、お子さんの力を信じて、お子さんの未来のために、成長と自立を手伝ってあげてください。

２０１９年７月

横峯吉文

[著者紹介]

横峯吉文（よこみね よしふみ）

1951年、鹿児島県生まれ。鹿児島県志布志市に社会福祉法人純真福祉会「通山保育園」を設立。「通山こども園」「伊崎田保育園」「たちばなこども園」の３つの園と「太陽の子山学校演習場」「太陽の子児童館」の理事長。読み・書き・計算の自学自習ベースとしたユニークな「ヨコミネ式」教育法を実践。テレビ番組などで大きな話題となり、現在、全国400園以上の保育園、幼稚園でカリキュラムとして採用されている。「すべての子供は天才である。ダメな子なんて一人もいない」が信念。

主な著書は、『「ヨコミネ式」天才づくりの教科書』（講談社）、『「ヨコミネ式」子供の才能の伸ばし方』（小学館）、『ヨコミネ式 子供が天才になる４つのスイッチ』（日本文芸社）など多数。

●ヨコミネ式教育法 オフィシャルサイト https://www.yokomine.jp/

ヨコミネ式 子供《こども》の才能《さいのう》を伸《の》ばす４つのスイッチ

2019年８月10日 第１刷発行

著者
横峯吉文《よこみねよしふみ》

発行者
吉田芳史

DTP
株式会社キャップス

印刷所
図書印刷株式会社

製本所
図書印刷株式会社

発行所
株式会社日本文芸社
〒101-8407 東京都千代田区神田神保町1-7
TEL.03-3294-8931[営業]，03-3294-8920[編集]

＊

Printed in Japan ISBN978-4-537-26202-5
112190723-112190723Ⓝ01 (413049)
編集担当・水波 康

URL https://www.nihonbungeisha.co.jp/